破产法前沿问题研究

漆昌国◎主编

四川大學出版社
SICHUAN UNIVERSITY PRESS

图书在版编目（CIP）数据

破产法前沿问题研究 / 漆昌国主编 . — 成都：四
川大学出版社，2023.12
　ISBN 978-7-5690-5766-9

　Ⅰ . ①破… Ⅱ . ①漆… Ⅲ . ①破产法－研究－中国
Ⅳ . ① D922.291.924

中国版本图书馆 CIP 数据核字（2022）第 199732 号

书　　名：破产法前沿问题研究
　　　　　Pochanfa Qianyan Wenti Yanjiu
主　　编：漆昌国

选题策划：徐　凯　王　军
责任编辑：徐　凯
责任校对：毛张琳
装帧设计：墨创文化
责任印制：王　炜

出版发行：四川大学出版社有限责任公司
　　　　　地址：成都市一环路南一段 24 号（610065）
　　　　　电话：（028）85408311（发行部）、85400276（总编室）
　　　　　电子邮箱：scupress@vip.163.com
　　　　　网址：https://press.scu.edu.cn
印前制作：四川胜翔数码印务设计有限公司
印刷装订：成都市新都华兴印务有限公司

成品尺寸：148mm×210mm
印　　张：8.5
字　　数：186 千字

版　　次：2023 年 12 月 第 1 版
印　　次：2023 年 12 月 第 1 次印刷
定　　价：52.00 元

扫码获取数字资源

四川大学出版社
微信公众号

目　录

绪　论

从表面看，企业破产是不幸之事，但是从经济发展的规律性来看，部分企业经营陷入困境或面临失败是市场机制的必然结果。在此背景下，如果任由那些无生命力的企业继续下去，将会引发严重的经济衰退甚至经济危机。相反，利用经济周期性的规律，适时进行产业结构调整，实现市场资源的重新整合，则会赢得经济发展的机遇。经济学界引用率最高的 LLSV 组合（拉波塔、洛佩兹·西拉内斯、安德烈·施莱弗和罗伯特·维什尼）的经典论文《法律与金融》中的实证研究也表明市场经济进入、运行和退出的法律，与经济增长、金融繁荣密切相关。故要使市场资源能够有效地重新整合，企业能够精准地安装上新的发动机，破产制度是最重要的保障。

近些年来，我国经济持续发展，各个行业的企业层出不穷。但是受国内、国外双重因素的影响，一部分企业已经无法经营下去，不得不选择破产。作为指导困境企业"涅槃重生"与失败企业"规范退出"的规范，破产法是市场经济法律体系中不可或缺的重要部分，也是评价营商环境的重要标准。我国自改革开放以来就高度重视营商环境建设，并逐步健全完善破产法律制度。2006 年 8 月 27 日，第十届全国人民代表大会常务委员会第二十三次会议审议通过了《企业破产法》，自 2007 年 6 月 1 日施行，最高人民法院先后发布了《关于审理企业破产案件指定管理人的规定》（法释〔2007〕8 号）、《关于审理企业破产案件确定管理人报酬的规定》（法释〔2007〕9 号）等一系列司法解释来推动《企业破产法》的顺利实施。《企业破产法》借鉴了域外破产的立法经验，摒弃了过去政策性破产的思路，以严格的司法程序来实现企业破产的规范化，在市场经济的调节作用下优化社会资源配置，维护市场秩序，保证市场效率。2013 年 11 月，《中共中央关于全面深化改革若干重大问题的决定》指出，"健全优胜劣汰市场化退出机制，完善企业破产制度"。2018 年 8 月，十三届全国人大常委会将《企业破产法》的修订纳入立法规划，属于"需要抓紧工作、条件成熟时提请审议"的项目。2018 年 11 月，中央全面深化改革委员会第五次会议审议通过了《加快完善市场主体退出制度改革方案》，将加快完善以破产法为核心的市场主体退出机制。此外，2019 年 3 月，《最高人民法院关于适用〈中华人民共和国企业破产法〉若干问题的规定（三）》颁布施行；2020 年 4 月，《最高人民法院关于推进破产案件依法高效审理的意见》颁布施行。我国破产法历史虽然短暂，但经过了十几年，《企业破产法》及其司法解释构成了较为完整的破产法律体系。此外，北京、上海、深圳、重庆等多地组建破产法庭，全国企业破产重整案件信息网、企业破产案件法官工作平台、管理人工作平台投入使用。破产审判的市场化、法治化、专业化都在进步，全国法院受理破产案件数量持续攀升。囿于国情，我国在建立市场化的破产制度过程中先行制定了企业破产制度，故长期以来因为个人破产法的缺失，致使我国常被认为只有"半部破产法"。2021年3月1日，我国首部个人破产法规《深圳经济特区个人破产条例》正式施行，深圳以先行者的姿态和大无畏的创新精神率先就个人破产进行了立法。

破产法律制度的建立健全和破产审判的市场化、法治化和常态化推进是营商环境优化建设和市场经济可持续发展的重要保障。尽管在人民法院的推动下，破产审判取得了长足进步，但是在经济下行周期和疫情等多重因素的影响之下，我国的破产审判面临着更多的考验。要真正实现破产法市场化、法治化就应当将注意力集中到立案程序、债权识别和破产重整、和解和清算等功能各异的破产程序的具体适用以及拯救有价值的困境企业以实现社会资源的充分利用等方面。结合我国市场经济发展情况和疫情余波影响，本书从企业破产立案、破产债权识别、破产预重整制度、破产府院联动机制、破产税收法律、个人破产制度等方面展开研究，以期对推进我国建立科学完善的立法和有效实施有所助益。

第一章"破产程序启动中的法律与实践"。2020年全国法院受理破产案件数量同比增加了约83%，受理破产案件数量持续攀升，但是与工商部门每年注销企业的数量不匹配。与发达国家相比，我国适用破产程序的企业数量不足美国的 0.2%，不足西欧全部国家的 1.16%。可见我国破产法律制度在市场主体退出上的功能远未发挥。破产案件在我国陷入"启动难"的困境，这与破产法律体系和外部配套制度、法院审查破产原因的标准、审判人员和破产管理人专业能力和大众认识等诸多因素息息相关。除了思想上需要正本清源，扭转大众对破产程序的偏见，探索能够兼顾效率与公平的新型破产制度，健全外部配套制度，提高债权人申请破产程序的意愿是解决破产"启动难"的关键。

第二章"破产债权的范围识别"。我国当下破产法将破产债权规定为普通债权与优先债权，附带一些如确有存在必要的情况下除斥债权的破产债权体系。此种较为简明的位次清偿设计很难全面兼顾一些债权人个别却合理的清偿诉求，随着这些"个别却合理"的人群越来越普遍，学理研究、实务和立法层面应对其加以重视。明确破产债权的范围是清算及重整等破产程序中值得深究的内容，只有辅之以公平合理的顺位设计，才能确保更公平的清偿。

第三章"我国预重整制度建设"。预重整制度是一种介于庭内重整和庭外重组之间的企业解困模式，即为了提高重整的成功率、降低成本，在进入法定重整程序前，债务人与债权人、投资人等通过协商制定重整计划草案，在获得多数债权人同意后，借助重整程序使重整计划草案发生效力的企业拯救机制。我国目前缺乏预重整制度的基本规则和操作制度，《全国法院破产审判工作会议纪要》和

《全国法院民商事审判工作会议纪要》虽然明确了预重整的性质、精神，但是目前尚无完备的法律法规来规范和指导预重整的实操。这就要求我们对各地预重整实践模式进行研究，弥补重整程序中的缺点，有效解决企业困境。

第四章"企业破产府院联动机制"。府院联动机制是基于破产法律制度不完善而以拾遗补阙的方式产生的有效的协调机制。由于相关顶层机制设计的缺乏和各地区市场化程度的差异，各地区府院联动机制的内容不尽相同。2018 年最高人民法院发布的一系列文件均提及了破产审判案件中法院和政府的协调功能，并充分肯定了府院联动机制在破产案件中的作用。实践中全国各级法院高度重视重整程序中的府院联动工作，但是目前的府院联动机制由于还不是市场化、法治化的产物，多依赖人与人之间以及相关机构间的联动，特别是当地党委的重视程度，具有一定的不确定性和不稳定性。此外，府院联动机制还缺乏实施细则和配套机制，难以在破产程序中发挥其应有的作用。在 2022 年的全国"两会"上，上海代表团也提出了规范府院联动机制、完善破产法律制度的建议。故如何完善破产法实施中的府院联动机制，为破产程序市场化创造外部条件，科学把握和正确处理有效市场和有为政府的关系还需进一步研究。

第五章"破产案件中的税收法律问题"。自 2007 年 6月 1 日《企业破产法》施行以后，最高人民法院先后发布了一系列司法解释来推动破产法的顺利实施，但 2016 年以前企业破产案件数量长期偏少，主要是因为破产法治观念落后以及企业破产相关配套制度不健全。从司法实践情况看，破产程序中的税收问题是影响法院受理和审理破产案件的重要因素。现行税法主要聚焦于健康且持续经营的正常的纳税主体，所以无论在实体还是程序上都缺少对陷入困境甚至即将破产的企业等特殊纳税主体的关注。企业破产法和税法之间的诸多模糊地带导致破产案件中出现了不少与税收相关的法律问题，这就需要协调破产法与税法之间的冲突，弥合两者的空白，提出妥善的解决办法。

第六章"个人破产制度的实践难题与路径"。随着各地个人债务集中清理制度的试点和《深圳经济特区个人破产条例》的实施，我国已经积累了一定数量的个人破产实践案例，构建我国个人破产制度的呼声也越来越高。个人破产制度的建立有利于保护企业家精神，为"诚实而不幸"的企业家提供重新开始的机会。保护企业家精神是经济快速健康发展的基础，个人破产制度能够将破产"非道德化"，从法律层面保护、激发人的创业和创新热情。现实的制度环境已经基本成熟，要改变大众"谈破色变"的现状，借鉴域外以及我国港澳台地区成熟的立法经验，建立科学合理的个人破产法律制度，并在实践中按照市场化、法治化的要求准确适用个人破产法具有重要意义。

以上问题既需要实务界的深入实践，也需要学术界的理论支持。近年来，国家愈加重视破产法对市场经济的调节作用，并出台了很多重要文件，不断促进破产法立法与实施的健全与完善，全国各地的破产法学术活动也层出不穷。本书对破产实践中出现的热点难点问题进行了总结和思考，并提出切实可行的解决路径，以实现理论与实务的统一、规范与操作的融合，推动我国破产法律制度不断走向完善和成熟。

第一章 破产程序启动中的法律与实践

破产程序作为资源配置的有效手段之一，既是一种合法的市场退出机制，也是一种有效的企业拯救机制。加强破产审判、依法处置"僵尸企业"、保障《中华人民共和国企业破产法》（下称"《企业破产法》"）的依法实施，对于我国现阶段优化营商环境、深化供给侧结构性改革意义深远。然而，自 2007 年《企业破产法》实施至今，启动破产程序在我国仍非易事。

第一节 破产案件"启动难"的现实困境

现阶段我国破产案件的受理数量，较之《企业破产法》实施之初虽有了显著攀升，但仍然难以与同期的美国相比。美国联邦最高法院首席大法官约翰·G.罗伯茨在《美国联邦法院 2020 年年终报告》中指出，因受疫情影响，2020 年 9 月 30 日前的 12 个月间，美国破产法院受理案件数量同比减少了 21％，但受理数量仍有 20 余万件。① 而根据 2021 年 8 月 18 日全国人大常委会执法检查组所作的《关于检查〈企业破产法〉实施情况的报告》，2007 年至 2020 年，我国法院共受理破产案件 59604 件。② 党的十八大以来，随着供给侧结构性改革的持续深化，我国已意识到加快建立和完善市场主体挽救和退出机制的重要性。但作为比肩美国的世界最大经济体，我国在破产案件受理数量上与美国相形见绌。总体而言，我国企业破产法律制度在市场主体挽救和退出上的功能发挥严重不足。此外，我国《企业破产法》主文中并未直接对破产案件的立案作出规定，仅对破产案件的受理程序予以明确。可见，案件受理是破产程序启动的标志。如果受理难这一问题无法解决，那么破产程序就一直存在"启动难"的现实困境，市场退出机制也就无从真正确立。

第二节　破产案件"启动难"的原因分析

我国破产案件的启动包括申请人向人民法院提出破产申请、法院审查破产申请、法院裁定受理破产程序三个阶

---

① 约翰·罗伯茨、黄斌、杨奕：《美国联邦法院 2020 年年终报告》，载于《人民法院报》，2021 年 1 月 8 日，第 8 版。

② 王东明：《全国人民代表大会常务委员会执法检查组关于检查〈中华人民共和国企业破产法〉实施情况的报告》，http://www.npc.gov.cn/npc/kgfb/202108/0cf4f41b72fe4ddeb3d536dfe3103eb3.Shtml。

段，而"启动难"几乎体现在每一个环节当中。

一、破产申请的动因缺失

当下，全国每年工商管理部门吊销、注销的企业数量与同期破产案件的受案数量相去甚远①，应"破"而未"破"的僵尸企业比比皆是。然而，无论是企业本身，还是企业的诸多债权人，真正向人民法院提出破产申请的寥寥无几。究其缘由，仍是破产思维的普遍缺失。

（一）社会大众对破产程序认知片面

近年来，随着破产法在我国的进一步实施，破产法在营商环境改造中的重要作用日益凸显，破产制度得到了一定程度的推广。然而，必须正视的一点是，当下我国大多数民众乃至个别地方政府仍没能认识到破产制度的市场退出和拯救作用，依然是谈"破"色变。以恒大地产危机为例，在恒大集团破产传闻不断的背景下，舆论风向更多的是讨论如何预防其被逼入破产的"绝境"。不少人将"破产"等同于"破产清算"，又将"破产清算"直接与"倒闭"画上等号。这显然是对法律上"破产"概念的片面解读，也是对破产程序所产生的法律效果的一种狭义理解。

我国的法定破产程序包括破产清算、破产重整以及和解。破产清算程序作为我国破产程序的分支之一，其法律

---

① 宋晓明、张勇健、刘敏：《〈关于适用企业破产法若干问题的规定（一）〉的理解与适用》，载于《人民司法》，2011年第21期。

效果与重整、和解等程序的法律效果往往大相径庭。重整程序通过引入投资人的方式，使债务人的债务得以依法清偿，令其摆脱财务困境，重获经营能力，能够最大限度地实现债权人、债务人、公司股东等社会各方利益的平衡，是一种较为理想的市场拯救机制。笔者参与办理的青海华鑫水电开发有限公司（下称"华鑫公司"）破产重整案就是一个典型的通过重整程序使破产企业"起死回生"的案例。本案中，管理人成功引入国家能源投资集团有限责任公司作为债务人的战略投资人，并协调各方制定了有针对性的重整计划，经西宁市中级人民法院裁定，截至2021年7月27日，华鑫公司已向86家债权人偿付资金47.06亿元，取得了良好的社会效益。但除少数破产法律从业者以外，多数人未能认识到重整程序的市场拯救功能，进而导致许多可以通过重整重获生机的企业因无人申请而被拒于破产程序门外。

此外，和解作为破产程序的一个重要分支，在许多债权人、债务人眼中却是比破产清算和重整更为陌生的字眼。我国《企业破产法》第95条第1款规定："债务人可以依照本法规定，直接向人民法院申请和解；也可以在人民法院受理破产申请后、宣告债务人破产前，向人民法院申请和解。"和解程序的适用条件较为简单（仅要求企业具备破产原因），只需提出内容涉及债权债务关系处理的和解协议，且协议一经法院裁定批准，破产程序即行终止。显然，相较于办理周期动辄数年的重整程序而言，破产和解程序更为简捷、高效，且案件办理成本更为低廉，不失为一种简便快速清理债权债务关系的制度设计。因此，如果和解程序的作用能够得到广大债务人的充分认可和调用，一定程度上也能缓解债务人申请破产动因不足的情况。

当然，破产和解制度也有其局限性。一方面，和解协议仅能处分无权利负担的财产，并不能就债务人所有的有财产担保的财产或与其相关的债权作出任何偿债安排。另一方面，和解协议往往会确定一个或多个债务清偿的法定期限，此时资信状况严重受损的债务人将面临在短期内筹措资金的压力，而在无法限制担保物权行使的情况下，这种压力又会陡增。如债务人未能在指定时间内完成协议确定的清偿义务，和解程序最终也难以实现盘活企业、规避清算的立法目的。因此，和解制度并不具备普遍适用性，而往往适用于债权债务关系较为简单、财产担保债权较少的情形。其中，中小企业破产案件居多。

（二）破产程序具有复杂性和极强的外部社会性

多数人谈"破"色变的另一个原因是受主流破产程序的复杂性和极强的外部社会性影响。前者主要体现在无论是破产重整案件，还是破产清算案件，都不同于一般的诉讼案件，其具有办理周期较长、专业性要求较高、工作量较大的复杂性。基于上述特性，破产案件的办理工作注定需要耗费大量人力、财力。实务中，一件破产重整或清算案件的办理周期动辄三四年，更有甚者长达 10 年之久。以广东国际信托投资公司破产清算一案为例。1999 年债务人便向法院提出破产申请，直至 2019 年广东省高级人民法院裁定准许第六次破产财产分配方案并执行完毕,该案才最终告结。因此,许多债务人在企业已具备破产原因、完全丧失市场活力的情况下,宁愿走极端选择"跑路",也不会选择向法院提出破产申请。

破产程序极强的外部社会性主要表现在企业破产程序中除了要解决债务清偿、财产分配、企业挽救等破产法问题,还会产生一系列需要政府履行职责解决的与破产相关的社会衍生问题。上述问题也让企业破产利益相关各方在决定是否申请破产时顾虑甚多。例如,实务中常见债务人向银行借款,银行要求第三方提供担保的情形。因《企业破产法》第46条仅规定:"附利息的债权自破产申请受理时起停止计息。"该条文似乎只是对破产程序启动后,作为债务人的破产企业的债务的继续计息加以限制,并未明确债务人的保证人的债务也应采用同一标准。因此,立法的模糊表述致使在很长一段时间内,学界对于破产程序启动后的保证债务是否停止计息一事争论不休。一种观点认为,保证债务作为从债务,其范围不应大于主债务。如在主债务已停止计息的情况下,放任保证债务继续计息,将颠倒主从债务关系,有违担保法的立法原意。另一种观点则认为,债务人和担保人是独立的偿债主体,破产法对于债务停止计息的规定是针对债务人进入破产程序后所作的特殊的程序安排,其效力不应及于保证担保人。司法实务中对这一问题的处理方式也是五花八门。直到《中华人民共和国民法典》出台,最高人民法院紧跟其后出台了《最高人民法院关于适用〈中华人民共和国民法典〉有关担保制度的解释》，其中第 22 条明确规定："人民法院受理债务人破产案件后，债权人请求担保人承担担保责任，担保人主张担保债务自人民法院受理破产申请之日起停止计息的，人民法院对担保人的主张应予支持。"这才把破产案件受理后保证债务同样停止计息的规则从立法层面确定下来。然而，笔者结合自身的司法实务经验，通过检索案例发现，这一规则并没能得到严格的执行和广泛运用。很多法院（其中不乏层级较高的法院）在审判中仍然认定破产程序启动后，保证人的债务利息继续滚动计算。这种裁判规则对债务人而言并不友好，也不利于实现其他债权人的平等受偿。《全国法院破产审判工作会议纪要》第 31 条明确"破产程序终结前，已向债权人承担了保证责任的保证人，可以要求债务人向其转付已申报债权的债权人在破产程序中应得清偿部分"。换言之，由于保证人实际清偿的债权数额可以向债务人追偿，因此保证人承担的保证责任的大小将直接影响债务人主债务的责任范围，如果保证债务无法停止计息，债务人的主债权停止计息也就失去了意义。显然，在此种裁判规则仍适用的前提下，无论是债权人抑或债务人，都很容易对进入破产程序产生顾虑，特别是结合其周期长的特点，破产程序如果不能起到阻却计息的效果，其对于有权申请破产的利益相关各方的吸引力将大打折扣。

又如，现行税收制度与破产制度存在龃龉。破产实务尤其是房地产重整案件实务中，常常可见因楼盘"烂尾"时间过长，作为债务人的开发商需要面临缴纳高额土地增值税的情形，而税收债权在破产债权清偿中同时处于优势地位，这就导致税收制度不仅无法起到激励重整的作用，反而可能将有权申请破产的主体劝退。对于这一问题，本书接下来有专章论述，此处不赘。但是不难看出，破产制度在立法层面亟待完善的同时，在法律实施层面也是障碍重重，这些问题如不能很好地解决，我国破产案件的受理情况将持续不容乐观。

综上，我国破产申请的动因不足，很大程度是人们对破产程序所产生的思维定式导致的，但这种思维定式的产生折射出我国当下存在的一些现实问题：破产立法本身存在滞后性和不完善，由于破产清算、重整和和解均存在一定的制度短板，现行破产制度中亟待引入和确立能同时兼顾效率与公平的新制度。实务中，破产法也未能得到普遍遵守和严格实施。

二、破产原因审查标准严苛

债务人是否具备破产原因是破产案件立案审查的核心。《最高人民法院关于适用〈中华人民共和国企业破产法〉若干问题的规定（一）》［下称"破产法解释（一）"］将破产原因明确为不能清偿到期债务且资不抵债、不能清偿到期债务且明显缺乏清偿能力两种情形。破产法解释（一）第二条又进一步对不能清偿到期债务的认定标准予以细化："（一）债权债务关系依法成立；（二）债务履行期限已经届满；（三）债务人未完全清偿债务。"从该司法解释的条文来看，我国破产法所指"不能清偿到期债务"

的"不能"描述的是一种停止支付的客观状态，而非对债务人实际偿付能力的一种映射。① 这种立法模式实际上降低了破产程序的准入门槛。显而易见，如将"不能清偿"解读为债务人的客观经济偿付能力，则将明显加大破产申请的举证难度，特别是在债权人作为破产申请人的情况下。由于债权人往往缺乏获取债务人内部财务数据和信息的渠道，此种情形下要举证证明其缺乏偿付能力几乎是不可能完成的任务。如此一来，将不利于对债权人合法权益的保护，也不利于畅通破产程序的启动渠道。

（一）实质审查标准严苛

破产事关市场主体的存续与退出，牵扯到税收、职工安置等上至国家财政、下至民生维稳的社会问题，而人民法院的职权范畴通常只涉及债务清偿的审判工作，附随一个破产案件而来的一系列错综复杂的社会问题，法院往往没有能力也没有资源去解决。解决这些问题需要耗费大量的时间以及人力、财力、物力，同时难以转化为实实在在的政绩，"性价比"较低。因此，负责解决问题的政府有关部门，在面对这些在他们看来"费力不讨好"的工作时，常会出现推诿和履职缺位的情况。案件一旦受理，所有上述社会问题的处理压力便通通转移到人民法院，进而加剧法院对办理破产案件的抵触情绪。更有甚者，个别地

---

① 宋晓明、张勇健、刘敏：《〈关于适用企业破产法若干问题的规定（一）〉的理解与适用》，载于《人民司法》，2011年第21期。

方政府不惜采用行政手段强行干预法院受理破产案件。因此，虽然从立法层面我国对破产原因的审查标准并不严苛，但在司法实践中，法院往往倾向于从严认定破产原因。从笔者自身的司法实务经验来看，过去几年间的破产案件几乎都是在企业已严重资不抵债且彻底扭亏无望的前提下，法院才有裁定受理破产申请的可能。

（二）形式审查标准严苛

除对破产原因的实质审查较为严苛以外，法院对破产立案的形式审查也极为严厉。《企业破产法》第 8 条规定："向人民法院提出破产申请，应当提交破产申请书和有关证据。破产申请书应当载明下列事项：（一）申请人、被申请人的基本情况；（二）申请目的；（三）申请的事实和理由；（四）人民法院认为应当载明的其他事项。债务人提出申请的，还应当向人民法院提交财产状况说明、债务清册、债权清册、有关财务会计报告、职工安置预案以及职工工资的支付和社会保险费用的缴纳情况。"该条款列举了破产原因形式审查的文件。

不少地方法院以上述条款为参照顺水推舟，但凡申请人提交的证据或者文字性资料不完善的，一律裁定不受理其破产申请。例如，广西壮族自治区高级人民法院规定了不予受理的十三类案件，其中就包括没有明确的职工安置方案的破产申请案件。[①] 实质性审查与形式审查的关系究

---

① 参见桂高法［2003］180 号《广西壮族自治区高级人民法院关于当前暂不受理几类案件的通知》。

竟如何？王欣新教授认为，破产案件的受理与否，关键取决于债务人是否具备破产原因。如债务人确已具备破产原因，即使破产法要求的附随提交的申请文件不完善，也不应影响案件的受理。[①] 笔者也认同这一观点。上文已提及，我国破产原因的"不能清偿"指的是停止支付。而停止支付是不难举证的，附随性文件的不完善往往并不会影响法院对债务人是否停止支付的判断。如因附随性文件不完善而将一个已经具备破产原因的债务人拒之破产程序的大门之外，显然是本末倒置，无异于买椟还珠。

三、缺乏专业人才和体制保障

（一）法官审判经验及专业素养欠缺

专业化程度高是破产案件的一大特点。破产案件涉及的法律关系往往较为复杂、综合性较强，这决定了破产法官不仅需要精通破产法，更要熟练掌握各大部门法，同时还应具备综合性的知识体系。法官从案件立案审查与受理阶段就开始介入，一个专业且经验丰富的法官既能避免因缺乏破产思维、理论储备及审判经验出现畏难情绪把本应受理的案件阻挡在破产程序大门之外的情况，也能够决定一个破产案件的审判效率和最终走向。可以说，加强破产案件的法官队伍建设是提升案件审判质效的关键环节。

然而，由于《企业破产法》在我国实施的年限并不算

---

① 王欣新：《立案登记制与破产案件受理机制改革》，载于《人民法院报》，2012年2月8日、15日。

久，加之每年申请与受理的破产案件基数有限，因此，很多法官既缺乏破产案件审判实务经验，也没有重视对破产法及相关司法解释的理论学习，更没有建立起处理破产案件所必需的综合性的知识体系。面对破产案件，法官队伍中仍普遍存在畏难情绪，由此导致了前文提及的从严把握破产原因等现象，又反过来影响了破产案件的受理数量，如此便形成了恶性循环。

（二）破产管理人执业能力参差不齐

破产管理人是破产程序的另一主力军。管理人作为破产程序中除法官以外的另一主导力量，是破产工作的主要开展者。培养专业的管理人团队的重要程度比起加强破产法官的队伍建设有过之而无不及。作为破产程序的主要推动者，管理人的能力大小与破产审判质效的高低正相关。

现阶段，我国管理人执业能力参差不齐。从全国来看，管理人的执业能力存在区域性差异。在经济较为发达、营商环境较为优越的地区，破产案件的受理数量较为可观。例如，2021 年 8 月 18 日，全国人大常委会副委员长王东明在十三届全国人大常委会第三十次会议上作的《全国人民代表大会常务委员会执法检查组关于检查〈中华人民共和国企业破产法〉实施情况的报告》中提及：从地域分布来看，东部地区破产案件数量占到全国的近80％，浙江、江苏、广东三省约占 60％。① 这意味着在这

---

① 王东明：《全国人民代表大会常务委员会执法检查组关于检查〈中华人民共和国企业破产法〉实施情况的报告》，http://www. npc. gov. cn/npc/kgfb/2021 08/0cf4f41b72fe4ddeb3d536dfe3103eb3. shtml.

些受案基数更大的区域从事破产业务的管理人将具备更丰富的破产案件实务经验。这些区域甚至已经形成了较为成型和完善的管理人选任、管理和激励制度。上述省份的许多地方法院、破产管理人协会都出台了一系列配套的规范性文件，在保障管理人履职和提升管理人专业能力、加强行业自律的路上遥遥领先。反观破产案件受理数量较少、经济较为落后的地区，由于实践经验缺失，管理人很多时候无法胜任复杂破产案件对其综合能力的全方位挑战，如对法律的把握是否精准，是否具备协调债务人、债权人、公司股东各方关系的能力和引入优质投资人的能力，又或者其制定的重整计划和财产变价方案是否具有可操作性，诸如此类的管理人执业能力细节将直接影响破产案件的走向。遗憾的是，很多地区的管理人在这些方面有所欠缺。即便在同一地域范围内，管理人的执业水平也是参差不齐。一些大型的律师事务所和会计师事务所已经形成了规模化的管理模式，在破产实务中有较大的优势，而多数其他机构在办理破产业务时并未形成规模化、专业化，且经验不足，如一些提成制律师事务所通常是在法院摇号指定为管理人后，临时召集几名提成律师组成管理人团队。这样的团队往往难以胜任疑难复杂破产案件带来的考验。

由于管理人的执业能力直接决定破产案件的审判质效，致使全国每年审结的破产案件数量稀少，加剧了人们对破产案件周期长的刻板印象，更多的人选择止步于破产程序的大门外。

（三）体制和制度保障缺失

1. 未广泛设立专门的破产审判部门

在美国，破产案件的大面积受理很大程度上得益于联邦法院下属的破产法院。设立专门的破产部门，无论是成立专门的破产法院还是独立的破产法庭，都将有效降低破产成本，提高破产案件审判效率，既可以实现案件的集中管辖，对集中人才、培养专业化破产审判团队也有积极的意义。以上海为例。自破产法庭设立以来，上海 2019 年度破产案件的平均审理时长同比下降 60.7%，破产成本同比降低 40%，破产清偿率达到 50%。[①] 除上海以外，深圳、温州、北京、济南、青岛等城市的中级人民法院也逐步探索设立了破产法庭，但综合全国情况来看，各地法院的普遍处理模式仍是将破产案件归于普通民商事审判庭一并处理，并未将破产法庭单独分立出来。这样处理的弊端在于，普通民商事案件往往由基层法院受理，一方面，基层法院每年诉讼案件的业务量本就颇为庞大，在立案登记制施行后又呈井喷式的增长趋势，如不加选择地将破产案件的处理压力一并堆叠到基层法院，长此以往将加剧承办法官对破产案件的抵触心理；另一方面，基层法院通常难以满足破产案件对专业性的要求，一来审判效率不高，二来因破产案件牵扯的利益面过于广泛，审判中不专业的处

---

① 石干一、黄梅：《试论设立破产法庭的意义及发展路径》，载于《西部学刊》，2021 年第 12 期。

理方式也更容易引发许多社会问题，这些问题也会加剧法院对破产案件的畏难情绪。

2. 现行法官绩效考核机制与破产审判实务不相适应

上文已提及破产案件具备周期长、专业要求高、工作量大的特殊性。但我国现行法官绩效考核制度并未考量破产案件的特殊性，而是将其作为普通民商事案件的工作业绩予以评价和折抵，甚至连审限和结案率也是完全比照普通民商事案件进行考评。① 这显然不具备合理性。

此外，在我国现行的破产制度架构下，法官在执行工作中发现具备破产原因的，可以在穷尽执行措施终结执行案件后，决定将案件移送破产。但司法实务中，这类由执行法官主动移送破产的案件数量极少。出现这种情况并非由于符合条件的案件数量太少，同样也是现行法官绩效考核制度不合理所致。法官决定移送破产，不仅需要与申请执行人或被执行人进行沟通，征询其同意并向其释明法律和司法解释中关于执行程序与破产程序衔接的相关规定，同时需要制作和准备法律文书及各种报告、整合和起草各类书面材料，流程较为烦琐，工作量大。同样，由于执行转破产的相关机制尚不完善，繁杂的"执转破"移送工作也很难转化为足以在法官的绩效考评中显现的工作业绩。如此一来，法官不仅在立案和受理阶段对破产敬而远之，对于执行移送转破产也往往缺乏主动意愿。因此，现行法

---

① 王欣新：《论破产案件受理难问题的解决》，载于《法律适用》，2011年第3期。

官的绩效考核机制亟待调整，以充分激发法官受理案件和执行移送转破产的积极性，更好地适应破产案件审判实务的需要。

3. 管理人选任制度不完善及履职保障机制缺位

管理人制度不合理也是导致破产案件审判质效低下、间接加深各方对破产程序的畏难情绪的一大原因。管理人制度主要包括管理人选任、管理人履职保障两个维度。

首先，从管理人选任来看，世界范围的管理人选任有由法院选任、由债权人选任、由法院和债权人会议共同选任三种模式。我国采取的是第一种由法院单独选任的模式。① 然而，我国破产法并没有对管理人的准入门槛作出明文规定，而仅对不得担任破产管理人的情形作了列举。显然，这样的制度设计为个别地方的管理人选任提供了权力寻租的空间。实务中，各地法院主要是从管理人的"执业业绩、能力、专业水准、社会中介机构的规模、办理企业破产案件的经验"② 等方面进行评选，但这样的标准仍略显模糊粗略，也更容易被主观因素左右。另外，前文已

---

① 《中华人民共和国企业破产法》第22条："管理人由人民法院指定。债权人会议认为管理人不能依法、公正执行职务或者有其他不能胜任职务情形的，可以申请人民法院予以更换。指定管理人和确定管理人报酬的办法，由最高人民法院规定。"

② 《最高人民法院关于审理企业破产案件指定管理人的规定》第6条："律师事务所、会计师事务所申请编入管理人名册的，应当提供下列材料：（一）执业证书、依法批准设立文件或者营业执照；（二）章程；（三）本单位专职从业人员名单及其执业资格证书复印件；（四）业务和业绩材料；（五）行业自律组织对所提供材料真实性以及有无被行政处罚或者纪律处分情况的证明；（六）人民法院要求的其他材料。"

提到，我国破产管理人的主要选拔范围集中在律师事务所
和会计师事务所等机构，而许多未能形成专业化及规模化
的律师事务所，尤其是以提成制为主的律师事务所，人员
流动性较大。类似情形同样常见于各大会计师事务所。由
此，上述管理人评选标准的客观性和准确度或将随项目人
员的职业流动而大打折扣。

　　当下，各地法院选任破产管理人的主流做法是"在管
理人名册所列名单采取轮候、抽签、摇号等随机方式公开
指定"①。这种看似合理的选拔方式在实务中也饱受诟病。
有学者指出，这种做法的实质是排除了管理人凭借自身办
案实力获取办理与其实力相匹配案件的可能，管理人获取

---

　　① 《最高人民法院审理企业破产案件指定管理人的规定》第 21 条："对于商
业银行、证券公司、保险公司等金融机构或者在全国范围有重大影响、法律关系
复杂、债务人财产分散的企业破产案件，人民法院可以采取公告的方式，邀请编
入各地人民法院管理人名册中的社会中介机构参与竞争，从参与竞争的社会中介
机构中指定管理人。参与竞争的社会中介机构不得少于三家。采取竞争方式指定
管理人的，人民法院应当组成专门的评审委员会。评审委员会应当结合案件的特
点，综合考量社会中介机构的专业水准、经验、机构规模、初步报价等因素，从
参与竞争的社会中介机构中择优指定管理人。被指定为管理人的社会中介机构应
经评审委员会成员二分之一以上通过。采取竞争方式指定管理人的，人民法院应
当确定一至两名备选社会中介机构，作为需要更换管理人时的接替人选。"第 22
条："对于经过行政清理、清算的商业银行、证券公司、保险公司等金融机构的破
产案件，人民法院除可以按照本规定第十八条第一项的规定指定管理人外，也可
以在金融监督管理机构推荐的已编入管理人名册的社会中介机构中指定管理人。"
第 23 条："社会中介机构、清算组成员有下列情形之一，可能影响其忠实履行管理
人职责的，人民法院可以认定为企业破产法第二十四条第三款第三项规定的利害
关系：（一）与债务人、债权人有未了结的债权债务关系；（二）在人民法院受理
破产申请前三年内，曾为债务人提供相对固定的中介服务；（三）现在是或者在人
民法院受理破产申请前三年内曾经是债务人、债权人的控股股东或者实际控制人；
（四）现在担任或者在人民法院受理破产申请前三年内曾经担任债务人、债权人的
财务顾问、法律顾问；（五）人民法院认为可能影响其忠实履行管理人职责的其他
情形。"

办案机会有很大的随机性，对案件类型的选择也毫无主动权，这并不符合市场规律，不利于激发管理人的办案积极性，也不利于管理人队伍的专业化建设，更严重的是，容易产生因管理人执业能力与案件专业化要求不匹配而导致的司法资源浪费。[①]

其次，从管理人履职保障的角度出发，我国仍未构建起完善的管理人履职保障制度。

第一，破产案件的办理经费难以保障。实务中"无产可破"的案件比比皆是。在这类案件的办理中，管理人为履行职责只能先行垫付破产工作中产生的各类费用，而往往企业的最终财产变价所得并不足以覆盖管理人垫付的前期费用，更无从支付与管理人所付出的大量劳动相匹配的报酬，管理人"颗粒无收"甚至倒贴办案资金乃常事。而即便在"有产可破"的案件中，启动经费不足这一情况仍然存在。虽然《全国法院破产审判工作会议纪要》明确了"管理人报酬原则上应当根据破产案件审理进度和管理人履职情况分期支付"，但司法实践中，管理人报酬的支付时间往往被确定在案件结案或重整计划执行完毕时。结合破产案件办理周期较长这一现实，这意味着管理人前期兢兢业业的履职投入很长一段时间内都无法得到等价回报。退一步说，即便法院作出分期支付报酬的决定，由于支付期间具有不确定性，管理人在每次报酬支取前同样可能面

[①]　董士忠：《法院指定管理人制度的不足与完善》，载于《安阳工学院学报》，2011年第5期。

临投入大量辛勤劳动而长期分文无收的窘境。

第二，目前我国破产管理人的指定模式具有相当的随机性，破产案件的案源往往得不到持续性的保障，如此一来，有志于专门从事破产管理人职业的律师事务所、会计师事务所、清算公司等中介机构难以得到进一步的专业化发展。

第三，在实操层面，管理人履职困难重重。前文已提及，破产案件的办理离不开各级政府的支持与合作。我国破产案件的办理中虽然存在行政干预色彩，但这种"干预"似乎更多地表现为一种阻力，而非积极主动地协调与配合。不仅如此，由于破产法在我国推行的年限不长，未能得到广泛的遵守与严格执行，其赋予的管理人的法律身份很大程度上未能获得各级行政机关的认同。管理人开展工作的过程中甚至不乏来自司法机关的阻力。例如，《企业破产法》第19条明确规定企业进入破产程序后，对债务人财产采取的一切查封、保全措施均应解除。笔者所在的律师事务所承办的四川安信融资担保管理有限公司破产清算一案和成都中鹏房地产开发有限公司破产清算一案中，因债务人涉嫌非法吸收公众存款罪，公安机关对公司相应资产进行了刑事查封。在管理人明确引用相关法律依据、致函告知破产程序已启动的前提下，有关部门仍然拒绝配合解除对债务人的刑事冻结，导致案件的推进举步维艰。从2021年全国人大在全国范围内的破产法执法检查结果来看，这种情形并不鲜见。可见，当下破产管理人在职务履行中仍存在相当多的问题，迫切需要各级机关、部门的协调和联动解决。

第三节 破产案件"启动难"的解决路径

一、加强破产法治宣传

首先，为让有权利申请破产的主体不再"谈破色变"，从立案阶段铲除破产申请的动因不足等问题，必须大力发展破产实践，同时加强破产法宣传教育，尤其是对重整制度、和解制度的普及教育。一方面，应大力宣传重整程序的企业拯救功能；另一方面，对于顺应当事人意思自治与市场化要求、简捷高效的和解制度也应充分推广，让各方当事人了解和把握重整、和解制度的适用前提及积极效用，对破产程序有更为系统的认知。还可以定期发布各类通过破产程序实现退出市场或企业拯救的典型案例，让更多的申请人认识和了解破产程序的积极意义，破除对破产程序的偏见。

其次，在特殊的破产立案程序——执行转破产程序中，要充分发挥法官的引领和指导作用，通过组织对法官进行系统的"执转破"业务培训，让更多的执行法官通过与当事人沟通和对相关法律法规的释明，引导更多的申请人同意将具备破产原因的执行案件移送破产审查。

二、进一步修订完善《企业破产法》与配套制度

鉴于我国现行破产法仍较粗略，难以有效指导随复杂的破产实践而来的诸多实操问题，笔者建议每年至少进行一至两次全国性、系统性的破产法执法检查，针对执法检查中发现的各种实务问题"查漏补缺"，有针对性地出台相关司法解释，尽快填补破产立法漏洞，规避破产立法的滞后性。

完善破产制度仅仅对破产法本身进行修订是远远不够的，对于破产制度与其他立法的冲突也应及时调整。例如，前文提及的现行破产法与税收制度之间产生龃龉，是因为《中华人民共和国税收征收管理法》（下称"《税收征管法》"）是我国税收工作开展的法律基础，该法立法年限久远，一些规定不能很好地适应和指导当下的税收实务，尤其是破产案件中的税收实践。因此，必须加快推进《税收征管法》的修订，同时在修订内容中加入能够更好地适应破产税收实践的规定。例如，建议进一步将破产案件中的税收优先权予以强调和明确，同时细化其适用范围。[1]除此之外，相关责任部门还应出台一系列针对税收优先权的实施细则，以保障相关法律在实践中的落地。

此外，与破产制度配套的相关制度的构建和完善也须尽快提上日程。例如，我国目前尚未建立成熟的金融机构

---

[1] 黄坚：《企业破产涉税法律问题研究》，载于《法制与社会》，2021 年第 15 期。

市场退出机制，这与我国加入世界贸易组织（WTO）及设立中国银行业监督管理委员会后愈发强调和重视对金融机构的市场准入和监管的时代背景不相适应。金融机构作为一种特殊的市场主体，其破产不仅关系企业自身，与社会主义经济秩序更是密切相关。在市场经济背景下，金融企业经营不善、资不抵债的现象屡见不鲜。我国已有海南发展银行、汕头商业银行、包商银行等金融机构相继宣告破产，这意味着建立健全符合我国客观实际的金融机构市场退出或市场拯救机制已迫在眉睫。由此可见，破产制度的很多配套制度也需随着破产制度本身的完善而一同构建和完善。

三、探索兼顾效率与公平的新型破产制度

鉴于现行破产清算、重整、和解制度各有侧重，均存在一定的局限性，引入和构建能够同时兼具简捷高效和市场拯救功能的新制度迫在眉睫。笔者认为不妨考虑尽快从制度层面落实预重整程度。预重整制度是一个源自美国破产法的舶来概念，其内核是在破产程序启动之前，债权人与债务人事先就债务人企业的重整计划达成一致，一旦进入破产程序，重整计划便能迅速表决通过，再经法院审查，借由法院裁定赋予该重整计划司法强制力，从而实现提高重整成功率和重整效率、降低司法成本的目的。换言之，预重整制度是庭外重组制度和破产重整制度的一种有机结合。目前，我国各地相继出台了一系列预重整工作指引，在相关领域开展了积极探索，也取得了良好的阶段性

成果。《全国法院破产审判工作会议纪要》及《全国法院民商事审判工作会议纪要》虽初步明确了预重整的精神，但截至目前，我国仍没有出台完善的法律或行政法规对预重整实务进行规范的指引。在立法缺失的情况下，各地预重整的探索实践处理方法不一，亟待规范。预重整制度作为我国现行破产程序的一种较为优质的补强制度，其意义和价值应当得到破产法意义上的肯定，建议立法机关尽早将其编入破产法，以指导纷繁复杂的破产实践；而将预重整制度纳入破产立法，很大程度上也有助于扭转大众对破产制度的负面看法。

此外，个人破产制度的构建也是完善我国破产立法的重要环节，我国企业破产制度实施过程中的许多问题也与个人破产制度的缺失息息相关。中国政法大学教授、破产法与企业重组研究中心主任李曙光评论说我国现行破产法之所以有"半部破产法"之称，就是因为未能确立个人破产制度，"个人破产法的制定将是对我国破产法体系的重要补充"①。王欣新教授也直言个人破产制度是破产制度的基石，如果没有自然人破产制度，破产企业也无从真正解决债权债务。例如，企业重整制度仅能解决破产企业本身的债务，"救得了企业却挽救不了老板"。企业出资人的债务并不会因企业本身破产而免除。这也是许多企业破产后，出资人选择"跑路"或做出其他因债务纠纷激化而导

① 《〈加快完善市场主体退出制度改革方案〉的意义与突破》，载于《财经界》，2019年第23期。

致的违法犯罪行为的根源。① 有鉴于此，2019 年 7 月 16 日，国家发改委等多部门联合印发《加快完善市场主体退出制度改革方案》，首次明确提出研究建立个人破产制度。2019 年 10 月 9 日，浙江省温州市中级人民法院联合浙江省平阳县人民法院召开新闻通报会，通报由其审结的全国首例具备个人破产实质功能和相当程序的个人债务集中清理案件情况。2020 年 8 月 26 日，《深圳经济特区个人破产条例》经深圳市第六届人民代表大会常务委员会第四十四次会议通过，于 2021 年 3 月 1 日起正式施行。该条例是国内首部正式的个人破产法规。综合来看，我国个人破产制度仍处于试点推行阶段，并未上升到系统性的破产法律制度层面。但个人破产制度与企业破产制度相辅相成，如果个人破产制度未确立，《企业破产法》也难以顺利施行。因此，有必要加速推动个人破产制度以及相关配套制度在我国的确立和完善。

四、依法审查破产原因

鉴于我国破产立法对破产原因审查标准的规定较为宽松，法院却往往倾向于从严把握破产原因，甚至加剧对案件立案材料的形式审查这一现状，除本章贯穿始终的各种消除法院对破产案件抵触心理的途径以外，笔者建议司法解释在现有破产原因的基础上加以细化，比如对于"明显

---

① 王欣新：《用市场经济的理念评价和指引个人破产法立法》，载于《法律适用》，2019 年第 11 期。

缺乏清偿能力"具体包括哪些情形应详尽列举。原司法解释存在多处语义模糊、指向不明的表述①，例如对如何界定资金"严重"不足、"长期"亏损、"扭亏困难"等并无定论。这就给予了法官充足甚至过度的自由裁量权，难以很好地指导司法实务。笔者建议在司法解释进行修订时引入更为直接、客观的评定标准，如有多少件及以上的案件强制执行不能的、审计报告显示其资产不足以清偿到期债务的。需要特别注意的是，应当对债务人自行申请破产和债权人申请债务人破产两类案件的破产原因加以区分。债权人作为外部主体，难以获取债务人的财务数据，因此，其申请债务人破产的标准相较于债务人自行申请破产案件的标准应有所松动，比如有证据证明债务人明确表示其资不抵债、无力清偿的，等等。此外，还应对既有的法定标准作进一步的解读，如明确达到"资金严重不足"的具体金额、"长期亏损"中"长期"的年限等。

此外，在立案审查中，应进一步放宽形式审查的标准，尽可能避免出现初步审查具备破产原因的企业因附随性申请文件不完善而被人民法院拒绝受理案件的情况。当然，这也离不开后续立法中对必须提交的申请文件及附随性申请文件的具体类型的明确界定。

---

① 《最高人民法院关于适用〈中华人民共和国企业破产法〉若干问题的规定（一）》第4条："债务人账面资产虽大于负债，但存在下列情形之一的，人民法院应当认定其明显缺乏清偿能力：（一）因资金严重不足或者财产不能变现等原因，无法清偿债务；（二）法定代表人下落不明且无其他人员负责管理财产，无法清偿债务；（三）经人民法院强制执行，无法清偿债务；（四）长期亏损且经营扭亏困难，无法清偿债务；（五）导致债务人丧失清偿能力的其他情形。"

五、提高破产案件审判质效

破产案件专业性要求高、工作量大导致的案件久拖不结，是许多利益相关人士对破产程序望而生畏的主要原因之一。要从根本上解决这一痛点，提高破产案件的审判质效至关重要。具体而言，提高破产案件审判质效的常规路径有：

（一）加快推动破产审判专业化建设

如前所述，基于破产案件的特性，设立专门的破产法庭有其必要性。一方面，人员储备充足且专业的办案团队、明确合理的分工有助于缩减办案成本，提升审判效能。另一方面，专门破产法庭的设立有助于实现破产案件的集中管辖，将基层法院民商事案件的承办法官从繁重的破产案件工作量中释放出来，不仅有助于提升破产案件的办理效率，甚至对普通民商事案件的办结率也大有贡献。由此可见，实现破产审判专业化、集约化是提升司法效率的不二法门。上文提及不合理绩效考核制度加剧了承办法官对破产案件的抵触心理，而破产法庭的全面设立及配套监督、考核制度的建立，能够使法官在破产案件的立案审查中最大可能地摒除主观因素，依法把握破产原因，从而尽可能地提升我国破产案件的受理率，实现应"破"则"破"。

（二）优化现行法官绩效考核制度

在我国破产专门法庭未全面覆盖的前提下，现行法官绩效考核制度亟待完善。在设置绩效考核制度时，不应简单将破产案件等同于普通民商事案件加以评价，在将破产案件作为独立的案件门类加以考核的前提下，还须充分结合案件体量、专业性要求、利益平衡难度及预计办理周期等因素，尽可能地细化考核标准。另外，这种绩效考核制度的优化应当渗透至审判与执行全流程，最大限度地从每一个阶段调动法官在破产程序启动过程中的积极性。

（三）加快完善破产管理人选任和保障机制

前已述及，我国现阶段以法院为主导的管理人选任制度赋予了法院过剩的自由裁量权，容易滋生权力寻租。与此同时，这样的制度安排也最大限度地削弱了作为案件利害关系人的债权人、债务人双方的话语权，为后续的案件推动埋下了隐患。基于前述制度短板，美国、加拿大等英美法系国家更多地赋权债权人会议，将管理人选任交由债权人自主决策，但完全由债权人会议独立选任管理人显而易见也存在决策低效等诸多问题。因此，笔者建议，当下我国管理人选任宜采取以法院为主导，结合债权人会议、债务人推荐的"多轨制"模式。具体而言，在法定期限内，由债务人、债权人会议分别从人民法院编制的破产管理人名册中推选一定数量的中介机构，法院再在前述机构范围内以随机方式公开确定。

另外，加快从制度层面扫除管理人履职过程中的重重障碍。

第一，保证案件的办理经费。当前，各地法院已开始探索逐步建立破产费用资金援助制度。资金保障的模式各不相同，大体可分为两种：一种是政府财政拨付，另一种是由管理人协会专项基金支出。不少地区的中级、高级人民法院都出台了破产援助资金管理办法[①]，如北京市高级人民法院于 2020 年 4 月 5 日发布了《北京市高级人民法院破产费用援助资金使用办法（试行）》，明确北京市辖区内案件的破产费用援助资金由"市财政拨付，在各级人民法院'法院办案业务费'中列支"，不少地区的破产管理人协会也出台了相应的专项资金使用和管理办法，其资金来源也更为多样，既有政府财政拨款，也有从管理人报酬中筹得和提取的部分，还有一些来源于个人或社会机构的捐赠。但无论资金来源于政府还是管理人协会，该种专项补助申请的时间节点均被严格限定在法院裁定破产程序终结后，再度回归到前文提及的管理人报酬支付时间节点过晚，导致管理人将面临长时间勤勉履职却"颗粒无收"的问题。这样的制度设计仍会极大地挫伤管理人办理案件的积极性，难以实现良好的"援助"效果。在笔者经办的某债权债务关系相对复杂、办理周期也较长的案件中，债务

---

① 参见《北京市高级人民法院破产费用援助资金使用办法（试行）》《重庆市高级人民法院企业破产费用援助资金使用办法》《深圳市中级人民法院破产案件管理人援助资金管理和使用办法》《南京市金陵破产管理人援助基金会资金管理和使用办法》等。

人企业的银行账户有足额覆盖前期破产费用的充裕资金，但受案法院不允许管理人从中预支破产费用，导致管理人在长达数年的时间里不得不自行垫付办案经费。笔者以为，在保障破产案件办理经费的问题上，应当视情况灵活处理。在破产企业银行账户资金足以覆盖案件办理成本时，人民法院应当酌情允许管理人从债务人银行账户资金中进行预支。而在破产企业银行账户资金不足以覆盖案件办理费用时，应当允许管理人在案件办理过程中随时向人民法院或破产管理人协会申请，提前支出一部分或者全部的专项资金，其余审批流程同现有流程。如认为预支模式不尽合理或难以确定合理预支金额，还可以考虑缩短申请周期，允许多次申请，以月、季度或年为一个周期，将留存的破产费用相应票据提交申请，采取"实报实销"的模式，尽可能减小管理人的资金压力，为其履职扫清成本障碍。另外，对管理人报酬的支付也可参考前述思路，设置一些合理的时间节点，酌情分段支付，从而最大限度地实现对管理人的履职激励。

第二，加强府院联动，尽力扫除破产案件中行政干预的阻力。首要的仍是从思想上正本清源，加大破产法及配套司法解释在各行政部门内部的学习和培训力度，确保管理人身份实现普遍的法律认同。其次应从制度上明确各部门违反破产法及有关法律、司法解释、行政法规或其他规范性文件规定的协助义务的法律责任，同时加大后续执法检查的力度，确保违法必究、执法必严。例如，对前文提到的公安机关违反破产法规定的协助解除刑事查封义务这一现象，现行法律及其他规范性文件中，除破产法外，仅有《第九次全国法院民商事审判工作会议纪要》（以下"纪要"）第109条①中有涉及公安机关违反相关规定的法律责任的表述。然而，由于前述纪要的发文主体是人民法院，相应条款规制的对象也主要为全国范围内的各级人民法院，因此，虽然该条第二款中"其他具有强制执行权力的国家行政机关"中点名包含公安机关在内，但相应的法律后果仍然是仅针对人民法院违反相应条款的操作。有鉴于此，建议由公安部发文加以规制，并在相关文件中明确其法律后果、具体监管部门及相应的监管模式。府院联动的具体实现路径本书有专章论述，在此不赘。

　　《企业破产法》在我国已推行十五年，但破产程序启动难仍是司法实践的一大困局，且长时间未能得到有效改观。这一现象的出现，与立法、司法、行政体制、民众认识等因素息息相关。要真正发挥破产法的社会管理、经济调节、规范市场退出的各种职能，必须从化解破产程序的

---

　　① 《第九次全国法院民商事审判工作会议纪要》第109条："要切实落实破产案件受理后相关保全措施应予解除、相关执行措施应当中止、债务人财产应当及时交付管理人等规定，充分运用信息化技术手段，通过信息共享与整合，维护债务人财产的完整性。相关人民法院拒不解除保全措施或者拒不中止执行的，破产受理人民法院可以请求该法院的上级人民法院依法予以纠正。对债务人财产采取保全措施或者执行措施的人民法院未依法及时解除保全措施、移交处置权，或者中止执行程序并移交有关财产的，上级人民法院应当依法予以纠正。相关人员违反上述规定造成严重后果的，破产受理人民法院可以向人民法院纪检监察部门移送其违法审判责任线索。人民法院审理企业破产案件时，有关债务人财产被其他具有强制执行权力的国家行政机关，包括税务机关、公安机关、海关等采取保全措施或者执行程序的，人民法院应当积极与上述机关进行协调和沟通，取得有关机关的配合，参照上述具体操作规程，解除有关保全措施，中止有关执行程序，以便保障破产程序顺利进行。"

启动难题着手，各个击破。从民众认识层面，须加强破产法治宣传教育力度，引导民众正确认识破产法及其社会、经济价值。从立法层面，既要完善破产立法，同时也必须加快包括管理人选任与保障等制度在内的破产配套制度的构建与完善。从司法、行政体制角度，一方面，设立专门的破产审判部门，切实保障破产审判人才储备，完善不合理的绩效考核制度，加强司法、行政部门队伍内部破产法治宣传，深化落实府院联动；另一方面，依法审查破产原因，以明显不合理的严苛标准审查破产原因、导致企业应"破"而未"破"的案件，应对承办法院予以问责。相信如能在前述层面逐一加以变革，我国破产案件的受理率定将显著提升，从而充分发挥破产制度的法律及社会、经济价值，助力我国法治化及营商环境的优化。

第二章 破产债权的范围识别

第一节 债权范围的界定

一、国内学界的几种观点

（一）几种突出的优先债权与普通债权界围的争议

1. 以涉及民生的劳动债权为核心的各类职工债权优先尺度

学界并不反对此类债权的优先性，只是认为对此类债权应进行合理的限制、分类及梳整。比如有人认为应只承认某一段时间范围内的劳动债权的优先性，再比如应根据一些合理标准分类工种与贡献度来归类应普通还是应优先。从现阶段我国此类债权的争议而言，从性质和根源上来讲，此类债权本就是多维化的问题，是否应联动诸如补充保障类的社会化机制有待探讨。

2. 属于行政征收的税费类债权是否存在过度保护

有论者对其应否归为优先债权提出异议。当今法律全球化的大趋势下，很多国家已将包括税收在内的行政管理类税费债权归为普通债权。我国《税收征收管理法》第45条规定："纳税人欠缴的税款发生在纳税人以其财产设定抵押、质押或者纳税人的财产被留置之前的，税收应当先于抵押权、质权、留置权执行。"此法条于担保物权法中据各种担保物权确定债权范围和位次顺序的债权人利益明显存在偏颇。

3. 因各类侵权问题造成的债权范围及优先性争议

此类债权源于其侵权行为本身的不可控性和多样复杂的难以预测性，比如涉刑类或涉精神损害赔偿类的恶性案件中的赔偿债权和恶劣的群体性侵权的赔偿债权，有论者认为将诸如此类的侵权债权归为优先债权，除能提高和扩大债权人的清偿利益外，还能提升法律的社会效用，体现其良法本质。还有学者提出对侵权类债权的顺位清偿不能一概而论，对人身类侵权债权应以债权人最大清偿原则为优位认可其优先性，而对财产类侵权债权则应以债权人公平清偿原则为第一要义平衡各债权主体间的利益。在公平原则的基础上，学者们还通过举例论证了国外的一些先进理论和判例，阐明经过合理的制度编排与机制补充，即便侵权债权作为普通债权，债权人的权益也能得到满意的兑付。

我国立法赋予劳动债权、税收债权清偿优先权的法律地位。从这种价值导向来看，某种意义上侵权行为更应该被赋予清偿优先权，尤其是对因人身伤害而产生的损失类赔偿以及大规模侵权（譬如环境污染问题）等广涉民生问题的侵权债权。从立法上区分人身与财产的侵权导致了差别处理的价值取向，可以看出，被侵犯的权利之间本身也有位阶，这种位阶正是指导我们区分破产清算领域债权顺位的基本点。有学者就指出了生存权的绝对优位、人身权的相对优位、物权的次级优位、其他权的劣后位阶及弱势权利人的天然保护权等。

（二）弥补劣后债权断层缺位的必要性

实务中破产债权被简单地分为普通债权及优先债权两大类目。普通债权的分类较为宽泛且界限不明，劣后债权也只停留在学术层面，尚未转换到实务中来。劣后债权本就是通过一种"特殊的协调存在性"来实现良法的实质公平。不论从法律全球化的角度论证多国法律制度中劣后债权存在的合理性和必要性，还是从我国实务中的切实需要而言，劣后债权的立法具有高度必要性，尤其是在我国的实务判例中，将一些无法明确范围的债权归为普通债权及优先债权这种做法有违前述两大清偿原则。将特殊债权作为除斥债权处理，使得除斥债权在实务中成为一个兜底性质的"口袋债权"，不仅使本应被严格限缩范围且需谨慎适用的除斥债权几乎不存在，还使一些债权人的债权受偿机会被无端剥夺，违背了公平清偿的原则。当然也有论者指出，从实务中的破产程序的实际清偿情况不难发现，很多理论上的劣后债权在实务中是被归为除斥债权处理的，即便被认定为劣后债权，仍然会以得不到清偿而告终。从这个角度来讲，对劣后债权的填补性效用的认定缺乏实务意义。但劣后债权的填补性效用不应仅仅局限于当下的法律实务，如公平清偿这种法律的根本性价值追求，从宏观和长远的角度看，其对法律实践具有引领作用。劣后债权还是保护债权人利益免受破产欺诈的屏障。

二、类化破产债权之普通债权概说

通常来讲，普通债权不具备优先受偿的特殊条件，但在破产债权中占主要份额，仅次于优先破产债权。普通债权一般是无担保的债权。在实务中，无担保债权在位次上劣于各种有担保的或其他优先性质的债权清偿，偿付的比例很小，一般不会超过20％。

普通债权在实务中所占份额通常最大，牵涉的债权人数量也最多，基于民生的考虑及公平清偿原则，对这部分债权人的保障毫无疑问也是破产债权实务中需重点考虑的。域外对此类债权人权益的保护立法、行政管理及债务人预防等互补机制呈现出多样化，如通过对债务人董事预加诚信义务、合理注意等必要性的责任等进行保护，但因其避免了清算分配，所以具体适用范围还有待在具体案例中区分。为了保护无担保债权人的利益，人们还提出了多种建议，如预先建立对无担保债权人10％的偿付基金，从用于浮动担保的财产中拨出这部分资金等。

三、类化破产债权范围的特殊化分类

（一）优先债权

优先债权指某项或某类债权享有优先于普通债权、劣后债权等其他位次债权的相对性债权。在清算及重整程序中，优先债权是在普通破产债权清偿之前首先获得清偿的债权，是破产债权清偿的一种常规的顺位表述，也即在实务层面，除法律、法规另有规定外，前一顺位对特定财产实施清偿后还有剩余财产时，后一顺位的债务才可能得到清偿或部分清偿。按照我国《企业破产法》，破产债权顺位以优先债权与普通债权为主，在重组和清算破产程序中，可以归为优先债权予以清偿的还有破产费用、共益债权、劳动债权、税收债权。[①]

（二）劣后债权

劣后债权是相对于普通债权而言的补充性设计，目前在我国立法中仍处于缺失的状态。在全球范围内，相较于我国破产法的主要位次即优先债权与普通债权，其他国家多以优先债权、普通债权、劣后债权为顺位。如日本法、美国法等设立了优先债权、普通债权和劣后债权三个分配顺位，德国《支付不能法》则仅设立了普通债权和劣后债

[①] 参见彭旭林：《我国破产债权例外制度研究：范围厘定与顺位优化》，四川师范大学硕士学位论文，2015年。

权两个分配顺位。此种设计主要是因为保护交易关系是商事法律的基本任务，交易性债权便成了商事法律所保护的普遍债权，因此破产分配中的普通债权专指此类普遍的交易性债权。交易性债权为民商事活动中债权债务关系的主体部分，因此各国在立法上普遍将其设定为普通债权的分配顺位，又以该位次为基础，进行法律和政策上的二次价值权衡：凡依本国法律、法规、行政政策等的价值规范认为有应优先于一般交易性债权获得保护的债权，则设置为优先债权的分配顺位；认为在法律价值和政策上存在应次于一般交易性债权获得破产程序保护的债权，则设置为劣后债权的分配顺位。

劣后债权仅指位次上处于普通债权后，于普通债权后所有的债权种类下作了具体的范围限缩的特定债权如国外以无偿给付为内容的债权、普通破产债权之利息、债权人参与破产清偿过程的必要费用、政府和司法机关的罚金罚款等，多被作为劣后债权。在破产分配中，劣后债权便用来泛指这些劣后性受偿的特定债权。实际上，每个国家的破产法所规定的劣后于普通债权受偿的债权的种类不尽相同，各国劣后债权的外延也不尽相同，可分为法定强制劣后债权、约定劣后债权及法官裁定劣后债权三大基本类型。

（三）除斥债权

除斥债权即存在简化程序需要、债权债务人协商一致等特殊原因而不予清偿且不违背最大及公平清偿原则的排除性债权。《证券投资大辞典》对除斥债权的解释为"符合破产债权规定但又不列入破产债权参加破产程序清偿的一些特殊债权"。在实际的破产程序中，确实存在构成要件符合破产债权的清偿范围的债权，此类债权是为了在债权清偿公平合理的前提下兼顾效率，最大限度地保全不论债权、债务人之间还是各个债权人之间的合理权益，准确高效地推进债权范围的确定，因而立法技术上将这些债权的清偿予以排除。与此同时，基于此类债权的排除性和公平清偿的原则，立法时严格限缩除斥债权的范围确有必要。有学者指出，在我国对除斥债权范围的确认缺乏理性论据及价值导向，而更多的是把除斥债权作为"兜底债权"，这种做法失之偏颇且武断粗暴。我国《企业破产法》特别是 2002 年最高人民法院颁布的《关于审理企业破产案件若干问题的规定》规定的除斥债权范类，有很多应属我国立法缺失的"劣后债权"位次的债权，即便最终予以清偿的可能性较小甚至极小，也不能直接从立法层面将其完全排除、否认。因此，从除斥债权范围应严苛限缩的角度来说，劣后债权在我国立法层面上具有极大的合理性和必要。

第二节　破产债权位次的主要模式

一、域外破产债权顺位模式

（一）英美法系国家破产债权顺位模式

以美国、英国为代表的英美法系国家在破产债权清偿位次立法上以劣后债权制度为核心。

1. 美国破产立法中的债权位次模式

美国的破产立法可谓世界上最发达、完备、成熟的法律体系，值得各国借鉴移植。《美国法典》第十一编集中规定了破产法律相关制度，其中关于破产债权的清偿模式位次如下：（1）担保债权，（2）享有优先权的无担保债权，（3）普通债权，（4）劣后债权。其中第（4）项还包括未及时申报债权的人对债务人享有的债权、非补偿性债权，例如违反相关法令被判处的惩罚性赔偿、破产申请日开始按法定利率计算的利息。其中的劣后债权即法定化的强制劣后债权，划分此类债权的主要理论依据即破产分配位次是对债权平均化原则的修正，对债权人利益影响甚大，故立法上须将清偿位次尽量事无巨细地法定化，力求公平。因此立法者要充分衡量债权的性质、规模及债权人地位、数量等因素，将其认为应比其他普通债权承担更大债务人破产风险的债权单独归为此范类。美国破产法强制规定此类劣后于其他普通债权受偿的债权即为法定强制劣后债权。值得一提的是，美国的破产法律制度中还存在所谓从属性债权规定，如《美国法典》第510条规定明确了法院对相关债权可在法规范围内对其进行从属性清偿，此种从属性清偿本质上与劣后债权的清偿并无二致。[①]

2. 英国破产立法中的债权位次模式

英国为不成文法国家的典型代表，有《无力偿债法》，判例在司法审判实务当中发挥着巨大的作用，其判例本身的个例化及多样性决定了其尤其尊重当事人意思自治的民商法领域中的破产立法，对债权人利益的保护意识较为明显，且立法中更无法完全列举破产债权清偿次序。英国破产债权的清偿模式粗略总结如下：（1）担保债权，（2）破产费用，（3）超级优先权，（4）优先债权，（5）普通债权，（6）劣后债权。其中有较为特殊的几种劣后债权：破产开始后的债务利息[②]、在个人破产情形下的破产人配偶

---

① 参见李飞：《当代外国破产法》，中国法制出版社，2006年版；彭旭林：《我国破产债权例外制度研究：范围厘定与顺位优化》，四川师范大学硕士学位论文，2015年。

② 《英国破产法》第328条："优先和普通债权在破产开始后的利息，在普通债权获偿后仍有剩余财产时得以受偿，并且无论是优先债权还是普通债权，其利息的清偿顺序均相同。"

的债权①、欺诈性交易产生的债权②、其他劣后债权。具
体如超过合理利率范围的优先和普通债权的约定利息、出
借给商人的并且根据该商人的盈利情况按浮动利率计算的
贷款债权。

（二）大陆法系国家破产债权顺位模式

1. 德国破产立法中的债权位次模式

德国的《支付不能法》相较于前部《破产法》从清偿
位次和范围等层面强化了债权清偿的公正性。为适应德国
经济社会发展，前部《破产法》中关于债权清偿位次与范
围的优先债权、普通债权、除斥债权被修改为一般债权和
劣后债权两个顺位。显而易见，这一修改所蕴含的价值取
向更符合公平清偿与最大清偿的原则。作为大陆法系的代
表，德国立法也因其理性严谨、精准、追求公平的立法逻
辑而被多国借鉴学习。如《支付不能法》规定可以通过债
务人可供清偿的财产范围的扩大化实现最大清偿的目的，
对于在实现清偿的过程中产生的各类费用，不再讨论债权
位次是否优先、有无担保等问题，而是规定必须由实现权

---

① 《英国破产法》第 329 条："在破产开始时破产人的配偶为了对方商业上的
目的而提供的借款。"

② 《英国破产法》第 213 条、214 条、215 条规定，若有情况表明破产公司的
任何业务均为企图欺诈公司的债权人或任何其他人的债权人，或者为任何欺诈目
的而进行时，经清算人申请，法院可以指示对欺诈性和不当交易的债权人部分或
全部以及相关权益后于公司其他债权人及其任何权益受偿。对于知晓该欺诈性和
不当交易的公司董事，其个人不但要对此类债务承担个人清偿责任，而且其个人
对公司的债权亦应当劣后公司其他债务和任何权益受偿。

利的债权人承担。再如《支付不能法》以前的《破产法》，对不予清偿的除斥债权范围作了规定，包括破产程序开始时继续产生的利息、债权人参加程序发生的费用、罚金、罚款、秩序罚和执行罚以及使行为人负有支付金钱义务的犯罪行为或违反秩序行为而引起的此类从属效果、由破产人生前或死者因慷慨行为产生的债权。以上债权均被规定为完全被剥夺清偿可能性的除斥债权，从某种立法意义上来说，此类排除性债权因其补充性功能明显大于其公平价值而理应予以取代。因此《支付不能法》将除斥债权进行了修正，即以劣后清偿取代不予清偿，从而使整个破产债权清偿体系更公平合理。

德国的《支付不能法》对除斥债权的具体修正为：

（1）下列债权按所列顺位后于破产债权人的其他债权受偿，顺位相同的，按债权数额比例受偿：①破产债权人债权自破产程序开始时起继续产生的利息；②债权人参与破产程序产生的费用；③罚金、罚款、强制性罚款和法院的秩序罚款，以及类似的犯罪行为或违反秩序行为所引起的负担金钱支付义务的随附后果；④以债务人的无偿给付为内容的债权；⑤以返还替代资本的股东贷款为内容的债权或具有相同地位的债权。

（2）债权人与债务人约定在破产程序中处于后顺位的债权，在发生疑义时，后本条第1款所称的债权受偿。

（3）后顺位破产债权人的债权利息以及此种债权人因参加破产程序所产生的费用，具有与此种债权人的债权相

同的顺位。①

2. 日本破产立法中的债权位次模式

日本破产立法吸收了美、德、英各国的经验，形成了一部较为完善的破产法，对我国的破产立法也有一定的借鉴意义。经多次修订后，日本破产立法依旧规定了劣后债权，其清偿位次大体上也分为担保类和非担保类。

担保债权即通常担保之债及特定财产享有的先取特权的债权。值得注意的是，当动产先取特权之间发生受偿冲突时，按下列顺序清偿：第一，不动产出租、旅店住宿及运输的先取特权；第二，动产保存的先取特权；第三，动产买卖、种苗肥料供给，以及农业劳务和工业劳务的先取特权。不动产先取特权之间发生受偿冲突时，按下列顺序清偿：第一，不动产的保存；第二，不动产的施工；第三，不动产的买卖。当不动产先取特权与抵押权冲突时，经登记的不动产保存或不动产工程的先取特权优先于抵押权行使；当动产先取特权与质权冲突时，动产质权人与不动产出租、旅店住宿及运输的先取特权享有同等的权利。② 非担保债权有如下几种。第一，财团债权，具体包括工资请求权、退职补助请求权、属于财团债权以及部分基于破产程序开始前的原因而产生的租税等请求权。第

---

① 参见李永军：《破产法律制度》，中国法制出版社，2000年版，第333页；彭旭林：《我国破产债权例外制度研究：范围厘定与顺位优化》，四川师范大学硕士学位论文，2015年；陈政：《破产债权清偿顺序问题研究——以权利冲突及其解决为视角》，西南政法大学博士学位论文，2014年。

② 参见渠涛：《最新日本法》，法律出版社，2006年版，第70～72页。

二，具有一般先取特权的破产债权，具体包括破产程序开始前三个月内破产人的职员的公司。如果是破产程序终结前退职的职员的退职金债权，其中相当于退职前三个月工资的部分，则享有优先于担保债权受偿的权利。第三，其他劳动报酬。第四，普通债权。第五，劣后债权，主要包括破产程序开始后的利息，由于破产程序开始后的不履行发生的违约金和损害赔偿，基于破产程序开始后的原因发生的与破产财团相关的税收、罚金、罚款、刑事诉讼费用、追征金等，参加破产程序支出的费用。第六，约定劣后的债权。[①]

二、我国破产债权的位次模式

从立法整体的框架角度来看，目前我国法律层面对债权清偿位次的规定除《企业破产法》之外，还有《商业银行法》《保险法》等特别法专门针对一些特殊类型的企业作出的特别规定。下面主要以《企业破产法》的规定探讨我国目前的债权清偿情况。

（一）《企业破产法》的一般规定

根据我国《企业破产法》第 43 条、109 条、113 条的规定，首先，有担保物权担保之债权就特定担保财产优先受偿；其次，非担保债权就担保财产之外的其他破产财产

---

① 参见李飞：《当代外国破产法》，中国法制出版社，2006 年版；陈政：《破产债权清偿顺序问题研究——以权利冲突及其解决为视角》，西南政法大学博士学位论文，2014 年。

按如下顺序清偿：（1）破产费用和共益债务，（2）劳动债权，（3）其他社保费用与税款，（4）普通破产债权。

需要指出的是，《企业破产法》对破产费用和共益债务能否就担保财产随时优先清偿没有明确规定。[①]

（二）《企业破产法》的特殊规定

《企业破产法》的特殊规定主要是为适应特殊情况，如恰当处理《企业破产法》与国有企业"政策性破产"的衔接问题。《企业破产法》第 132 条规定符合特定条件的劳动债权可以优先于有担保物权担保之债权就特定的担保财产受偿。该条件是：（1）该劳动债权发生于《企业破产法》公布之前；（2）该劳动债权应先依《企业破产法》第 113 条的规定进行清偿；（3）该劳动债权依上述第二款不能获得清偿的部分，才对特定担保财产享有优先于有担保物权担保之债权受偿的地位。

《企业破产法》承认在特定条件下的劳动债权优先于有担保物担保之债权受偿的地位主要是为了便于特殊时期涉及民生稳定等问题的处理而在立法上所作的一些特殊的、临时的补充，随着立法技术的不断完善，此类情况终会被成熟规范的立法方式替代。

[①] 参见陈政：《破产债权清偿顺序问题研究——以权利冲突及其解决为视角》，西南政法大学博士学位论文，2014 年。

第三节 债权范围与位次的结合与调整

一、债权范围与位次的体系化构建

（一）公平清偿与最大限度清偿原则

首先，要想更好地完善我国破产债权范围的清偿位次体系，必须从根本上以公平清偿与最大限度清偿为宗旨。从各国破产债权范围与位次的规定可以看出，在国际法律界，包括各种较权威的法律国际联合体在内，在这一点上都表现出高度一致，只是立法者在具体条文上结合了自己国家的特情。同样，我国目前处于经济高速发展时期，更是全球第二大经济体，破产程序尤其是破产重整程序的本质是拯救复兴企业，为其注入新鲜血液，以使其恢复生产运营，因此我国破产法的目标是在商事领域实现公平清偿和最大限度清偿的同时尽可能小地牺牲效率，以民主自愿公平合理的方式实现企业重生的目标，以严格公开正义透明的程序保证债权人的清偿利益，且一旦企业重整成功，从宏观的社会、公众利益角度讲也体现了公平与正义。

其次，完善我国破产债权范围与位次的体系化构建，先要明确梳理各种债权间的位阶次序，这就要联系实际，从宏观上与我国现阶段的国情包括经济发展、生产力等重要因素相联系；从微观上同每一类甚至每一件具体的破产重整案件相联系。也就是说，在关注立法统一规范标准下的实体正义的同时，也要关注各类个案公平，此两种价值最终还是要在立法上归于统一且最大化地明确，如果只将其中的含糊地带交由法院自由裁量显然不妥。因此，各种债权间位次的确定应从债权本身的性质、债权背后所代表的具体利益来衡量和判断，同时也要结合我国的政治经济、社会环境及民生民情综合考量并最终确定。

当下，公平正义是我国建设中国特色社会主义法治国家的价值追求，不论在国家立法层面还是社会道德风尚方面均需大力弘扬，具体落实到破产法部门当中，便是对债权范围与位次更加公平的确认与清偿。

（二）债权范围价值与位次价值的平衡优化

目前，我国破产债权范围与位次价值平衡的明确立法规定较少，基本笼统地服从于公平正义这个大原则。但各种债权范围价值与位次价值的平衡优化是明确破产债权范围立法的另一关键问题。

首先，虽然破产债权均属于财产权，但在每种财产权背后关联的利益指向很可能存在人身权、身份权甚至生命权等价值位阶更高的权利价值，那么按照价值位阶原理，在确定此类破产债权的位次价值时不可能不考虑其背后更高位阶的权利价值，因为此类问题往往与社会民生等公共利益联系紧密。总的来说，当债权价值背后关联了人身权、社会公益甚至国家利益时，如何平衡优化是我国立法应予以重视且明确的。

其次，在财产权范围内，从民商法角度来看，物权也应优先于债权，在破产债权领域亦是如此。目前，我国《企业破产法》仅将有担保物权的债权人规范明确为享有债权的优先受偿权，并不足以解决实务当中更为复杂的个案实践，如在房地产烂尾破产项目或政府棚户改造项目当中还房户和享有担保物权的银行及其他债权人间的位次问题，更不用说各种不同情况的建设施工工程款位次问题。

最后，破产债权背后的弱势群体和风险防范能力较弱的债权位次或可在同位阶债权当中位次优先，这样更有利于法律以良法善法的价值取向发挥教化作用。

二、优先与劣后债权范围的谨慎限制

（一）优先债权范围的谨慎规范

优先债权处于破产债权清偿位次的第一顺位，其受偿范围与质量直接影响之后其他债权的清偿质量。因此，在立法当中需要谨慎合理地对优先债权的范围及类次编排进行审查，不能笼统不明确或过度限缩其范围，否则就有可能激化矛盾甚至引发社会群体性问题。这样不单从破产个案的角度讲无法坚持公平清偿和最大清偿原则、依法依规推进破产程序，从商事经济运行的安全及效率角度看也不符合我国社会主义市场经济的根本遵循。所以，对破产债权的位次受偿，最大限度地平衡公平与效率及立法理想是实务破产法领域的核心问题。从上述对英美法系、大陆法系等国家的破产法关于破产债权范围的规定来看，优先债权的范围在总体上呈现逐步缩小的趋势。因此，具体到我国的优先债权，也应该在符合我国国情的前提下进行严格且合理的限缩，以更好地平衡各个层次债权的清偿比例，从而使整个破产清偿程序实现公平清偿和最大限度清偿原则的高度契合。

我国现行破产法对优先债权的范围划归分析如下。

第一，破产法中那些最为特别和更加优先的第一位次债权，如破产程序中以特定财产优先清偿，船舶、建设工程款优先权，国有土地使用权出让金优先权，民用航空器优先权等法定特别优先权，以及就特定担保财产享有优先受偿之别除权的担保债权等，整体而言它们作为第一位次有着合理合法的天然优先性，但仍可对此类债权作进一步的位次细分。

第二，破产费用和共益债务。这类债权之所以能存在立法设计，是为了保障债权人能够公平且最大限度实现清偿的同时兼顾效率，其合理性不言而喻。考虑到此类债权额通常相对固定，参考各国的立法现状，都应予以保留。我国现行破产法中对破产费用的规定列示如下：《企业破产法》规定破产费用指人民法院受理破产申请后发生的三类费用：（1）破产案件的诉讼费用，（2）管理、变价和清偿债务人财产的费用，（3）管理人执行职务的费用、报酬和聘用工作人员的费用。共益债务则包括：（1）因管理人或债务人请求对方当事人履行双方均未履行完毕的合同所产生的债务，（2）债务人财产受无因管理所产生的债务，（3）因债务人不当得利所产生的债务，（4）为债务人继续营业而应支付的劳动报酬和社会保险费用以及由此产生的其他债务，（5）管理人或相关人员执行职务致人损害所产生的债务，（6）债务人财产致人损害所产生的债务。①

第三，劳动债权，亦称职工债权，这部分债权往往债权人数量庞大，个体债权额较小，因此也是最直接牵涉社会民生及稳定问题的部分。我国破产法将劳动债权设计为优先受偿的债权，除去我国特殊国情所导致的历史因素，就现阶段的立法目的来讲，更多地出于社会利益的必要考虑，因此，对其进行优先保护具有合理性和必要性。但此种必要也应该更进一步细化明确至种类、数额及清偿时效。

第四，税收债权，是破产债务人作为纳税义务人本应向国家或地方政府履行纳税义务而未依法缴纳所产生的债权人为国家或者地方政府的一种公法性质的债权。税收的公益性质直接决定了其在破产债权受偿位次上的优先地位。不过，从目前世界各国普遍的立法趋势来看，税收债权的优先性正在逐步减弱，也不乏一些国家在处理破产案件实践中将其作为普通债权考虑，这样做的目的也与公平和最大限度清偿原则的实质吻合，毕竟比起更为具体明确的职工劳动债权以及其所处的弱势地位，税收债权的公法公益性因其"公"而更容易得到政府层面的调节。至于更

---

①　参见彭旭林：《我国破产债权例外制度研究：范围厘定与顺位优化》，四川师范大学硕士学位论文，2015 年。

具体的调节方式则涉及更为专业的立法技术，此处不再赘述。

第五，涉及人身类伤害的侵权债权。我国现行破产法尚未对人身侵权债权进行明确的优先位次规定，这导致在实务中确实存在不少因被人身侵权的债权人利益无法得到合理保障的情况。因此，近些年来，不论实务界还是学界，对人身侵权类债权应被明确规范为优先债权的呼声越来越高，当然也因存在很多利益平衡等问题在立法上难以明确，一直悬而未决。但是，笔者始终认为，从我国《宪法》相关原则及条文来看，人身权甚至生命权在权利位阶上就是高于财产权，因此将有关人身侵害而导致的权利损失转化为债权后，相较于其他纯商事意义的财产性债权，显然应该享有一定的优先受偿位次。当然，对人身侵权债权的优先处理必须以进一步明确限定人身类侵权范围为前提，如严格限定为与被侵权人之生命权及健康权直接相关的债权范围。

综上，对优先债权的谨慎限缩主要在于谨慎而不在于限缩，应基于现实需要以公平清偿与最大限度清偿为价值导向，最大化明确且必要限制优先债权范围。

（二）劣后债权范围的严格限缩

1. 劣后债权制度规范空白增补

结合上述具有代表性的国家的破产立法，可以看出劣后债权已然成为破产债权分类范围中一个不可或缺的部分，且大多数国家已经建立了破产立法中的劣后债权制度，对比各国实务当中的经验，结合我国司法实践，在我国破产立法制度中设立劣后债权制度具有极大的必要性及现实意义。劣后债权制度能够最优且过渡化地平衡与填补各类别债权，且对债权范围的整体性进行了优化。从这两个角度讲，劣后债权制度体现了公平与最大限度清偿原则的价值。

我国目前的破产立法存在着劣后债权类别的整体缺位，以及其他类别债权尤其是普通债权的内容笼统化和优先债权范围的限缩。这种现状常常在司法实践中表现为实体公平和法治价值的难以两全，即由于劣后债权类别的缺位，将一些本应定性为劣后债权的破产债权从普通债权中排除后，又无法将其归类，使得此类债权的存在缺乏法律依据，有违法治精神；但将此类债权笼统地归为普通债权又有违实质公平。因此，无论从实务角度还是从破产债权范围体系的完整性角度来看，劣后债权在我国破产债权立法中的建立已是必然。笔者简单罗列其他国家就劣后债权类别的规定，以便为我国提供参考：（1）利息、违约金、滞纳金；（2）各项罚款、罚金；（3）债权人参加破产程序所支出的费用；（4）基于特殊身份产生的债权，如基于股东身份发生的债权和内部人（董事、经理、控制人等）债权；（5）自然债权。

2. 劣后债权范围的学理讨论

笔者认为，我国的劣后债权应包括如下内容：

（1）破产程序开始后产生的利息、违约金、滞纳金。由于此类债权基本上为从属债务，且产生于破产程序开始后，不具有共益属性，将其归类于普通债权及共益债权不合理。

（2）各项罚款、罚金。罚款、罚金由国家机关或者其授权委托的机关、组织作出。当债务人破产时，如继续支持基于破产债务人违法而产生的罚款，让其与普通债权一并受偿，其实质侵犯的是债权人利益，但由于罚金本身的强制性属性，若将罚款、罚金直接归为除斥债权，不予受偿，则会损害国家强制力及威信，因此将其归为劣后位次最能平衡各方利益。

（3）基于特殊身份产生的债权。如在破产程序中，类似于实际控制人、控股股东、高管人员等特殊身份产生的关联债权。此类债权多因其身份优越性而产生，其产生基础便有违公平清偿原则，此类债权可借鉴美国破产立法当中的衡平居次原则，将其以劣后债权作为清偿更显得当。

（4）自然之债，即已过诉讼时效的债权。虽然我国法律对此类债权的胜诉权不予保护，但并未从立法上否定其以实体债权性质存在的合理性。笔者认为，在确认债务人破产债权时，非经债权人自行免除的管理人不应直接将此类债权予以排除。此外，从法的预测作用、正义价值考量，对自然债权的确认有利于督促鼓励债务人的偿还行为，引导欠债应还钱的正面社会风气，而非将"诉讼时效"作为法律漏洞进行狭隘利用。

总之，劣后债权在我国破产立法当中的应然性显而易见，不论从破产债权清偿位次优化还是从界定破产债权范围看，都有其必要性、合理性。这种立法理念也有利于平衡经济社会发展的不断变化与立法相对稳定之间的矛盾。诚然，劣后债权作为在位次上上承普通债权下接除斥债权的一类过渡性却具有一定清偿可能性的债权，确定其与普通债权和除斥债权的边界，即为进一步明确完善整个债权范围体系提供了方向。

三、除斥债权的性质

（一）除斥债权存在的必要性

除斥债权从清偿可能性上完全排除了破产债权被清偿的机会，从根本上可以说这与债权公平受偿尤其是债权最大限度清偿原则背道而驰。机会平等应该是破产法在破产债权顺位中需要坚持的基本理念与原则。通过前文对劣后债权范围的分析，不难发现，在各国现行破产法当中，除斥债权的具体内容及性质与劣后债权均有不同程度甚至很大程度的重合，由此便引出了另一个值得探讨的问题，即若将除斥债权引入我国破产立法的债权体系，其在内容和性质上又基本等同于现行破产法中的劣后债权类别，那么除斥债权是否还有其存在的必要性和价值意义？关于这一问题的探讨，笔者认为，在立法层面补充劣后债权类别的同时，应以最大限度的谨慎去限缩或以最小限度的合理允许原则构建补充除斥债权的类别，以确保特殊情况下确有必要存在的除斥债权内容，同时又不与最大限度公平受偿的价值理念冲突。

（二）除斥债权与劣后债权的界域优化及选择

首先，从清偿可能性的角度来说，劣后债权虽实际受到清偿的比例很小及可能性较低，但其并未完全排除对债权的可能性；除斥债权则将清偿可能性完全排除，正因为二者在清偿可能性上的差别，在破产立法当中摒弃任何一个都不足以彰显公平清偿和最大限度清偿原则以保护债权人的立法宗旨。尽管在各国的立法实践当中，这两类债权似乎有着不同程度的重合，但此种重合对立法提出的挑战应该是如何进一步细化明确及合理划分二者的界限问题，而非简单的二选一问题。

其次，劣后债权的立法模式比除斥债权的立法模式更有灵活运用的功能及范围上的包容性。纵观各国的破产法立法实践，如基于股东身份发生的债权、匿名股东的债权、内部人的债权等特殊债权多被归为劣后债权，这样既填补了破产债权范围的制度缺位，又实现了公平清偿的价值要求。因为对这些债权的债权地位及债权人身份，相比除斥债权的绝对否定，劣后债权予以了肯定。

最后，除斥债权与劣后债权的属性与清偿可能性上的差别主要体现在破产重整程序中，因为破产重整程序是一种重新激活债务人的输血程序，债权人债权的清偿即基于债务人的重生。在重整程序中，认可债权人通过债权人会议分组表决自愿达成的债权调整方案和债权分配方案，采用劣后债权的立法模式可以为此类债权享受债务人重生所带来的利益提供一定的机会，虽然重整计划对劣后债权之清偿作出安排的机会很小，但并非没有可能。但是，一旦采取除斥债权之模式，则很小的机会也没有了。不过，除斥债权作为破产债权例外的重要组成部分，虽与劣后债权多有类似，但其对整个破产债权的清偿有"润滑剂"的作用，必要的除斥债权可以更好地实现破产法律的功能目标，因此应保留必要的辅助性除斥债权。

总而言之，破产债权的公平清偿乃破产清算程序的核心，并是破产法价值的重要体现。破产债权例外制度使得破产债权制度的脉络体系更加清晰明确。在该制度的完善过程中，最基本的应是在立法上明确破产债权例外的各项具体制度。同时，该制度完善的过程也是范围厘定与顺位优化的不断深化。[1]

---

[1]　参见彭旭林：《我国破产债权例外制度研究：范围厘定与顺位优化》，四川师范大学硕士学位论文，2015年。

第三章　我国预重整制度建设

　　自我国供给侧结构性改革以来，随着社会经济的发展，以企业破产重整和庭外重组为主要方式的企业救济制度渐渐难以适应产业结构的优化和营商环境的提升。为了满足市场多样化救济方式的需求，破产预重整制度作为第三种困境企业拯救制度逐渐进入大众视野。作为一种全新的困境企业救济制度，预重整可以很好地解决破产重整和庭外重组的部分缺陷。但我国现行法律中没有正式规定破产预重整制度，所以笔者欲通过对破产预重整制度理论和实践的梳理，为我国建立市场化、法治化的预重整制度尽一份力量。

第一节　预重整制度概述

一、预重整的概念

　　预重整是在美国企业破产重整的实践中应运而生的，

并没有形成统一的定义。目前我国的预重整制度仍处于立法空白，关于预重整的概念，理论界尚无统一的观点，其理论和制度建设仍在构建中，如李曙光教授认为"预重整就是在企业进入重整程序之前，债权人和债务人进行谈判的一种方式"[①]；王欣新教授认为"预重整是在我国原有庭外重组和破产重整两种企业挽救制度的法理基础上，通过优势结合和制度创新而产生的企业挽救法律程序，分为庭外重组和破产重整两个关联阶段……"[②]；徐阳光教授认为"预重整是指在申请司法重整之前，债务人与债权人通过法庭外协商确定重整计划……的一种拯救机制"[③]；王佐发教授认为："所谓预重整就是部分或全部当事人之间在正式向法院申请重整救济之前已经就重整事项进行谈判并达成重整计划（也可能没有达成完整的计划），然后在已经达成的谈判的条件下向法院正式申请重整"[④]；张艳丽教授认为"预重整是法院外自愿重组谈判和法院内快速审查批准重整计划两个阶段的结合"[⑤]；浙江省杭州市余杭区人民法院课题组认为"所谓预重整，是指当事人在向法院提出破产重整申请之前就重整事项进行谈判并达成

[①]　李曙光：《我国企业重整制度亟待梳理》，载于《资本市场》，2012年第4期。

[②]　王欣新：《建立市场化法治化的预重整制度》，载于《政法论丛》，2021年第6期。

[③]　徐阳光：《困境企业预重整的法律规制研究》，载于《法商研究》，2021年第3期。

[④]　王佐发：《预重整制度的法律经济分析》，载于《政法论坛》，2009年第2期。

[⑤]　张艳丽：《破产重整制度有效运行的问题与出路》，载于《法学杂志》，2016年第6期。

重整计划草案的一种困境企业拯救机制"①；等等。

结合多数专家学者的理论研究以及我国各地的实践，笔者认为预重整是指在破产重整程序之前为识别重整价值和重整可能、降低重整成本、提高重整成功率，债权人、债务人、出资人、意向投资人等利害关系人就重整事项进行谈判并达成预重整方案，在进入破产重整程序后，由法院依法审查、裁定确认重整方案的一种困境企业拯救机制。预重整是将庭外重组与庭内重整的优势相结合并进行制度创新的一种企业挽救法律程序，其不仅具有简化程序、提高效率、降低成本、化解争议、减少各种社会负面影响的实施效果，作为由利害关系人自主进行的庭外重组，还具有鼓励当事人自治与市场化协商、主动自觉遵循法治的良好社会导向。②

二、预重整制度的渊源

预重整制度起源于美国，而后作为一种有效的企业解困手段，逐渐被其他国家引用。我国是从 20 世纪 90 年代初开始研究预重整制度的。

（一）国外的预重整制度

一般认为，20 世纪 80 年代美国路易斯安那州的水晶

---

① 浙江省杭州市余杭区人民法院课题组：《破产重整制度有效运行的问题与出路》，载于《人民司法》，2016 年第 7 期。

② 参见王欣新：《预重整的制度建设与实务辨析》，载于《人民司法》，2021 年第 7 期。

石油公司案是世界上第一个预重整案例，在该案中水晶石油公司在提起破产重整申请前已经由债权人投票通过了重整计划方案，这也是第一个大公司采用预重整模式来解决债务重组问题的案例。美国预重整制度既有判例也有立法。[①]预重整制度的概念来源于美国《联邦破产法典》中的"Prepackaged Reorganization"，即"预先包裹式重整"，在企业破产重整前形成的预重整方案一经法院批准就具有在正式破产重整程序中约束重整各方的效力和执行力，预重整方案在破产企业进入重整程序时就已事先"包裹"在企业破产行为中，故被形象地称为"预先包裹式重整"。在联合国国际贸易法委员会制定的《破产法立法指南》中，预重整被称为简易重整程序，即为使受到影响的债权人在程序启动之前自愿重组谈判中商定的计划发生效力而启动的程序。其立法目的是：确认自愿重组谈判是挽救困境企业的一种成本效益良好和行之有效的手段，一般会涉及以下几个方面的内容：（1）调整债务人和对重组起至关重要作用的债权人的债权结构，其并不涉及所有类别的债权人；（2）鼓励通过便利灵活的方式进行非正式谈判；（3）为使重整计划能顺利通过，预重整期间需根据破产法的规定达到实体和程序效果的基本一致，例如维护自愿重组谈判的良好结果，提升效率、减少拖延和成本支出，债权人均有约束力，与破产法规定的重整程序相

---

① 参见曹文兵、朱程斌：《预重整制度的再认识及其规范重构：从余杭预重整案谈起》，载于《法律适用（司法案例）》，2019年第2期。

同等。

（二）我国的预重整制度

预重整制度在我国也经历了从实践到规范的过程，其作为一种企业债务重组工具，2009 年被引入我国，我国学者认为其是较重整程序能够更快地帮助企业脱离困境的方式。2015 年，"中国第二重型机械集团公司与中国第二重型机械集团公司（德阳）重型装备股份有限公司破产重整案"被纳入最高法院公布的公报案例，为预重整制度的实践操作提供了丰富的可复制经验。[①] 目前，预重整制度在全国立法层面的文件中还没有规定，困境企业适用预重整正在探索阶段，预重整模式由于其自身的灵活性，能够更好地弥补重整程序时限的不足；庭外重组方案的达成亦可以减少司法重整程序中重大重整事务的不确定因素，进而提高重整效率。正因如此，虽然预重整制度尚未被正式纳入我国现行法律法规，但已获得最高人民法院及大部分法律专家的认可。[②]

为填补目前我国预重整制度的空白，弥补现有重整制度的不足，各地法院在破产案件审判中探索了不同模式的预重整方案，出台了诸多审理预重整案件的相关规

[①] 参见《人民法院关于依法审理破产案件推进供给侧结构性改革典型案例》，载于《人民法院报》，2016 年第 3 期。

[②] 参见李军红：《我国预重整制度的实践与探索》，《河南省法学会、山西省法学会、湖北省法学会、安徽省法学会、江西省法学会、湖南省法学会第十二届"中部崛起法治论坛"论文汇编集》，2019 年，第 625～630 页。

定和操作指引。一是中央层面。2017 年 8 月 7 日，最高
人民法院发布的《关于为改善营商环境提供司法保障的
若干意见》首次提出预重整制度。2018 年，最高人民法
院颁布的《全国法院破产审判工作会议纪要》正式肯定
了预重整制度，强调要探索推行庭外重组与庭内重整制
度的衔接。2019 年 6 月 22 日，发展改革委等 13 部门联
合发布的《加快完善市场主体退出制度改革方案》明确
提出"研究建立预重整制度，实现庭外重组制度、预重
整制度与破产重整制度的有效衔接，强化庭外重组的公
信力和约束力，明确预重整的法律地位和制度内容"。
2019 年 11 月 8 日最高人民法院发布并生效的《全国法
院民商事审判会议纪要》第 115 条进一步明确了庭外重
组协议效力在重整程序中的延伸。二是地方层面。在中
央肯定预重整制度后，各地法院相继积极探索实践，出
台了关于预重整的规定性文件和操作指引，如 2019 年 3
月 25 日深圳市中级人民法院发布的《审理企业重整案
件的工作指引（试行）》第三章关于预重整的规定，
2019 年 12 月 30 日北京破产法庭发布的《北京破产法庭
破产重整案件办理规范（试行）》，2020 年 2 月 19 日苏
州市吴江区人民法院发布的《苏州市吴江区人民法院审
理预重整案件的若干规定》，2020 年 8 月成都市中级人
民法院发布的《成都市中级人民法院破产案件预重整操
作指引（试行）》，2021 年 1 月 8 日重庆市第五中级人民
法院发布的《重庆市第五中级人民法院预重整工作指引
（试行）》等。关于如何启动预重整，有的是以法院为主

导，有的是以政府为主导，有的是以债务人为主导；关于预重整工作的展开，有的要求指定临时管理人（同重整程序），有的则规定债务人自行或聘请辅助机构开展预重整工作；关于预重整是否产生中止执行、解除保全的效力，以及预重整与重整制度的衔接问题等，各地实践中的规定都不一致。我国各地的预重整实践中，普遍存在对预重整制度认识不一致、预重整规则和程序不完善等问题，导致各地的预重整实践相去甚远。笔者认为有必要明确预重整制度的功能定位、法律性质和各参与方的职能角色，以构建更为市场化、法治化的预重整制度。

三、预重整的理论基础：困境企业的挽救模式

虽然各国国情和法律体系不同，但不可否认，困境企业的纾困路径主要就是三种：庭外重组、预重整和破产重整程序。全球破产法界的一个基本改革思路就是在庭外重组与庭内重整程序之间寻求带有折中性质的混合型机制。[①]

庭外重组是债务人在发生经营和债务危机后，自行与债权人、投资人等各方利益关系人进行协商，遵循自愿原则进行重组活动并达成相应协议，不借助司法力量来解决危机，属于当事人的自力救济。庭外重组与司法重整程序

[①] 参见张婷、胡利玲：《预重整制度理论与实践》，法律出版社，2020年版，第1页。

毫无关联，当庭外重组因成功或不成功而结束，需要进入重整或清算程序时，需要由当事人提出相应的破产申请，各方当事人在庭外重组的各项行为的效力也不能延续到重整程序中。庭外重组具有高效、灵活、成本较低、负面影响小等优点，是企业面临经营和债务危机时自然而然会优先选择的方式。而企业破产法的诞生和破产重整制度的建立是企业"复活"的最后一道防线，当企业无法通过自身解决问题时，符合一定的条件就可以申请破产。在司法实践中，破产重整是挽救企业的最有力的方式，因为破产程序有停止计息、执行案件中止执行、破产重整期间担保物权暂停行使等司法功能，一定程度上能够保持企业的重整价值。

由于庭外重组存在缺乏司法措施的保障、各方矛盾激化等问题，以及破产程序存在耗时长、程序不可逆等缺点，介于庭外重组和破产重整之间的预重整便应运而生，在我国形成了由庭外重组、预重整、破产重整组成的完整的市场化、法治化和国际化的企业挽救制度。

四、预重整制度的价值

预重整制度能够同时消除庭外重组和破产重整的缺点和问题，从司法制度层面承担两者的衔接和桥梁作用，更有效地解决企业困境，为困境企业提供多样化的选择。

（一）预重整是庭外程序（同庭外重组）

预重整可以充分尊重当事人的意思自治，也可以避免正式进入破产重整程序所需耗费的时间和费用成本，具有高效、灵活的特点，可以避免企业重整失败后转入破产清算的不可逆风险。

根据《中华人民共和国企业破产法》的规定，破产重整程序启动难，时间跨度大，启动破产重整程序需要申请人提交例如财务报告等大量材料，以证明公司达到破产条件，同时需要起草重整方案，证明企业有重整价值和可能性，这都需要花费大量时间和人力成本，进入破产程序后大量的调查工作以及审判程序更需耗费大量的时间及精力，破产企业很可能在此期间丧失最佳"救治期"，且企业重整失败后转入破产清算具有不可逆性。但预重整程序可以完全避免上述情况，与重整程序相比，预重整程序没有过多的法院干预，极大地节约了时间成本，同时将破产重整的工作前置，在预重整期间形成的工作成果可以直接运用到重整程序中，缩短了重整时间，对企业生产经营的影响也较小。例如重庆某房地产开发有限公司预重整转重整案用时仅 70 天，重庆市大足区某房地产公司用时仅 37 天，两个项目在预重整期间形成了重整方案，将烂尾项目恢复施工建设，以现有资产盘活并增值。进入重整程序后，不论是时间成本还是经济成本都极大地降低，也提高了债权人的清偿率。①

---

① 参见曹文兵、朱程斌：《预重整制度的再认识及其规范重构：从余杭预重整案谈起》，载于《法律适用（司法案例）》，2019 年第 2 期。

（二）有助于企业继续经营，实现效益最大化

困境企业进入预重整程序，可以减少企业在信誉上的负面影响，实现企业的商业价值最大化，提高重整程序的质量。若企业直接进入破产重整程序，各方会产生"企业已经破产"的印象，对企业的未来形势和价值预期急剧下降，不利于重整方案的谈判，且如前所述，企业重整失败后转入破产清算具有不可逆性，故有些企业直接进行破产重整，反而不利于企业盘活。但预重整程序作为重整程序的前置程序，更尊重当事人意思自治，由债务人、债权人进行自救，司法干预较少，有回旋余地，各方可以对困境企业从市场和商业角度对其经营价值进行评估，有助于企业继续经营，实现效益最大化。

（三）通过自由决策与司法干预的双重作用，尽早拯救企业

预重整程序能够充分发挥市场的灵活性。在辅助机构和司法力量的协助下，预重整区别于破产重整中由管理人进行管理，公司管理层可以对企业自行管理，具有专业优势，能及时对症下药、遏制危机，稳定员工就业。预重整程序制定完成后，交法院进行审查裁定，可以极大地缓解法院对破产重整程序中司法介入过多的问题。

第二节　我国的预重整实践

一、我国预重整的实践模式

（一）破产重整受理前的庭外重组预重整

这种模式是在破产重整申请前，债务人、债权人等各方当事人根据意思自治原则，经充分协商谈判形成重组方案。重组方案形成后，债务人向法院申请正式的破产重整，法院对申请前形成的重组方案进行确认，前述重组方案即成为在破产重整程序中可执行的重整计划方案。我国首例中国二重集团预重整案就是适用这种模式的典型案例。有观点认为，这种模式类似"人民调解＋司法确认"的过程，即将当事人庭外自行谈判并形成方案的过程理解为人民调解，将该方案在进入重整程序之后的确认理解为"司法确认"的过程。[①] 在这种模式下，法院干预极少，在重整方案形成的实体和程序以及交叉问题中，极少发挥司法力量。

（二）预受理阶段的预重整

这种模式是将法庭内的重整制度在法院准备受理阶段

---

① 参见黄忠顺：《诉讼外调解协议自愿性的司法审查标准》，载于《东方法学》，2017 年第 3 期。

前进行预立案受理。法院在收到债务人的重整申请之后暂不受理，但是通过对企业的调查之后，对有重整价值的企业提前指定管理人，在正式进入重整程序之前通过府院联动机制等为债务人、债权人、出资人等多方主体提供沟通协商的平台，将重整程序的实质内容提前至预重整阶段。[①] 在预受理审查期间，法院指定管理人负责具体工作的推动，管理人的身份在进入正式程序后一般也会延续，管理人履行同破产重整基本一致的职能（重整前置），例如债权债务清理、协调各方磋商谈判、招募投资人、争取达成部分或者全部重整预案。其后法院依据企业申请对破产重整进行立案，由此进入破产重整程序，准许重整方案，并监督执行。这种模式的实质是将破产重整的司法程序前置，在法院未正式立案前，由法院指定的管理人对债务人进行全面调查，为之后进入重整程序扫清障碍，但这种模式也存在将预重整与重整制度"混同"的问题，采用此种模式是否有必要创设预重整制度值得讨论，此处不赘。

（三）受理破产清算后宣告破产前的预重整

这种模式是在法院受理债权人或债务人申请破产清算后宣告债务人企业破产前，若识别债务人具有重整价值和重整可能，债权人、债务人、投资人等利害关系人进行洽

[①]　参见王康：《我国预重整制度的归位运行》，载于《上海法学研究》，2021年第9卷。

谈、磋商,从而达成一致意见并草拟预重整计划方案,待条件成熟后再将债务人企业由破产清算程序转为破产重整程序,实质就是对"清算转重整"这一法规制度的运用。这种模式与上述两种模式的区别关键在于破产企业已进入破产清算程序,适用企业破产相关法律法规,且一案存在两个程序(清算与重整)、预重整包含在清算程序中。此模式基本上不会影响破产程序的整体推进,破产企业可以享受破产程序带来的司法便利,但也存在重整不成功的不可逆性以及司法资源成本问题等。

二、我国预重整实践的特点

当前我国预重整实践有如下特点:

(1)从时间上看,必须在企业进入破产重整程序之前,也即法院裁定受理破产重整申请之前;

(2)从适用对象上看,一般限定范围为债权人人数众多、债权复杂、直接裁定重整将可能对其产生重大影响或可能产生重大社会不稳定因素的债务人;

(3)从参与主体上看,由债权人、债务人、出资人等利害关系人在破产重整程序外进行协商决定相关事项,预重整过程主要由法院掌控,并指定临时管理人履行职务;

(4)从司法力量作用看,一般都规定可以适用诉讼(执行)中止制度;

(5)从方案效力上看,预重整期间形成的预重整计划方案或者预重整阶段的表决票效力及于破产重整程序;

(6)从目的上看,预重整的目的是转入破产重整程序，并使预重整计划方案获得法院批准成为正式重整计划，获得破产法上的执行效力。

第三节　我国预重整制度面临的困境

目前，我国预重整制度探索主要面临各方角色定位不同、缺乏统一的法律法规指导、具体程序规则不明等问题，急需通过统一立法，建立一套适合我国国情的预重整制度。

一、预重整中债务人、债权人、政府、法院、管理人的角色定位问题

根据我国的实践，预重整案件基本都会有债务人、债权人、政府、法院、管理人的参与，但是对其角色定位和作用观念不一，在不同模式和个案中，各地的做法也不尽一致。法院和政府的参与度普遍会很高，特别是重大企业的重组，政府的决策以及协调必不可少，法院一般会指定管理人具体开展相应的预重整工作，债务人居于非主导地位。从国外预重整的立法和判例来看，我国的预重整制度宜沿袭其制度法理，由债务人以及企业债权人等利害相关人根据意思自治原则开展预重整工作，但为使预重整程序与重整程序有效衔接，法院和管理人的参与必不可少。若不在立法层面明确各方定位和职能，就会导致具体实施预重整程序时司法力量该怎样介入、管理人身份认同、相关

费用由谁承担、方案如何推进等问题。

二、缺乏统一性和强制性的预重整程序规范

由于缺乏规范的指导文件，破产预重整在实践中遇到的问题比较繁杂，目前仍处于探索阶段。通过从中央到地方的政策性文件以及操作指引，可以看出预重整制度的优势已得到普遍认可，相关案例也逐年增多。预重整能够高效有质低成本地为企业纾困、提升营商环境，在实践中被进一步印证。但因为没有成熟的立法，实践中多是凭借经验和司法案例来解决问题，只有适用标准明确，才能保证法律制度的预见性，保证相关人员遵照执行。若困境企业在适用预重整制度时需要付出更多的交易成本去取得债权人、投资人的信任，没有统一法规的约束，容易出现有的个体为了攫取更大利益而采取不配合甚至妨碍谈判的行为，反而不利于重整方案的形成，无限拖延时间，使交易成本大大增加。若司法干预太多，为了实现程序上的公平换取短期效率，又容易损害个体利益，使预重整实践处于两难境地。因此，建立统一性和强制性的预重整程序，可以在兼顾效率和公平的基础上，最大限度地保护债权人和债务人的合法权益，维护社会主义市场经济秩序。

三、预重整实践中的程序问题

（一）预重整与重整程序的混同问题

有的地方按照重整程序设计预重整程序，预重整要由法院裁定受理，由法院指定管理人，甚至规定可适用启动重整程序的各种强制性法律效力，如中止对债务人财产的执行、解除保全措施、中止诉讼、中止担保债权人行使权利、停止计算债权利息等，使预重整与重整程序完全混同，唯一的区别只是在重整的名称前加了一个"预"字。这些观点和做法与预重整制度的设立宗旨和基本原则不符，严重影响了预重整制度的正确建立与实施。[①] 设置预重整制度的目的应该是解决单独通过庭外重组或庭内重整无法平衡公平和效率、无法帮助企业纾困的难题，而在两者之间建立一个"折中"制度，能够兼顾市场化和法治化，使债权人对预重整方案的表决效力能够向重整程序延伸，是一种新型的企业挽救模式。若把重整程序的司法效力无限向以当事人意思自治为原则的协商程序延伸，就没有必要单独创设预重整制度。

（二）预重整启动模式无定式

前文已提及预重整程序的启动主要有三种模式，而涉及具体的预重整启动条件时，各地规定不一，没有统一的范式。破产重整受理前的庭外重组预重整、预受理阶段的预重整、受理破产清算后宣告破产前的预重整这三种启动模式各有优势和缺陷，需从立法层面统一标准。对于具体的启动条件如什么类型的企业可以申请预重整、预重整的

---

① 参见王欣新：《预重整的制度建设与实务辨析》，载于《人民司法》，2021年3月刊。

申请主体、企业需满足的实体要求等均不统一，有的比较概括（例如从企业的挽救价值、自主能力，从是否符合国家产业政策、是否具有重整可行性等角度确认企业是否符合预重整条件），有的比较具体（例如从企业的社会影响、职工安置、债权人数量、产业规模、是否为特殊性质的公司或机构以及人民法院认为可以适用预重整等条件来判断），有的则没有规定。

（三）预重整中强制执行措施适用问题

根据我国《企业破产法》第 19 条的规定："人民法院受理破产申请后，有关债务人财产的保全措施应当解除，执行程序应当中止。"在预重整期间，是否应当参照该条规定对债务人的财产解除保全措施，目前存在争议。在实践中依职权或依申请中止执行的情况均有体现。有观点认为，若将仅在破产（重整）程序中才发生解除保全、中止执行的法律效力片面引入预重整中，是对预重整制度与重整制度的混同。但在实践中确实也面临若不对债务人财产的强制执行措施进行排除，债务人相关资产处于不稳定状态，预重整方案的谈判就无从谈起的情况。

（四）预重整中信息披露的标准不明

预重整程序的关键环节是将庭外形成的预重整方案延伸至重整程序，那预重整方案形成前是否向债权人及利害关系人进行了充分的信息披露就很关键。在信息披露方面的困境主要有两点：一为预重整程序与重整程序是否适用

同一信息披露标准，二为信息披露中的"充分性"原则应
当如何界定。[①] 我国预重整信息披露程序应解决不透明、
时间紧、不规范、缺乏监督等问题，确保所有利益相关方
能够及时、充分地获取企业信息，对企业的财务状况、市
场前景等进行全面评估，从而作出正确的决策，减少市场
风险。

第四节　我国预重整制度建设

我国各地法院指定的规则、操作指引一定程度上都存
在些许差异，为了使我国预重整制度更加完善、更能适应
我国的企业发展趋势，应当制定统一的立法规定。

一、预重整中的各方角色与作用

（一）预重整制度的建立应当以债务人、债权人自
治为核心

当事人自治原则是破产企业财产最大化的基本保障，
主要体现为预重整程序是一个非正式的程序，具有灵活
性，可以使债权人、债务人以及管理人在没有司法权力的
干预下，充分发挥各自的优势。

实践中，我国预重整的启动主体分为政府主导型、法

---

① 参见李长虹、孙志华、迟典：《我国预重整信息披露制度的构建》，载于
《第十一届中国破产法论坛论文集》。

院主导型、当事人自行协商型以及混合型。但预重整是当事人之间的庭外谈判与重组，是否进行预重整是当事人在市场化的基础上，根据意思自治原则作出的决定，不需要法院或政府的过多参与（或者说起主导作用）。法律应当降低债务人及相关利害关系人主动进行预重整的门槛，消除可能存在的阻力，提升各方对预重整的信心，所以预重整应当是由债务人及当事人主导的程序。

（二）政府部门参与、协调

预重整虽非政府主导，但政府的参与，特别是对特定企业或产业所涉及的各方的沟通协调至关重要，因此成立破产预重整管理的常设机构确有必要（可与破产程序的府院联动机制相融通）。破产预重整管理常设机构的设置有助于债务人、债权人更好地开展谈判磋商工作。基于我国社会主义市场经济的国情，有时预重整方案的形成与执行推动取决于政府的支持力度。

（三）法院提供司法保障

在预重整中，法院的参与必不可少，否则就与庭外重组没有区别。法院并非主导预重整，不决定预重整的启动，在临时管理人的指定、庭外谈判进程、战略投资人的选定、预重整方案的草拟等方面均不应过分干预或介入。未来对预重整合法性的保障应上升至法律层面，为达到预重整与重整程序有效衔接的法律效果，法院的主要作用是对预重整程序规则进行监督，例如信息披露程度、预重整草案内容的合法性及可行性、表决程序的合法性、预重整工作的合法性等。

（四）临时管理人履行职责

对临时管理人的指定问题，全国各地法院争议比较大，从各地现行的指引来看，以"临时管理人"居多，也可以称为"破产辅助人"或"预重整辅助机构"等，但也有债务人自行管理和从事预重整工作的。为确保预重整程序的公平、专业及效率，相关中介机构的介入很有必要，这些机构往往是律师事务所、会计师事务所或者破产清算类公司等专业机构。这些机构根据预重整规则履行职责后，也可以保留其管理人身份直接进入法庭内重整。笔者认为，临时管理人的选任首先应尊重债务人和债权人的意思，由债务人、债权人、投资人、出资人等推荐，如各方均未推荐的，再由法院采取摇号或竞争方式决定。预重整转为重整程序后，从效率和成本出发，法院一般可将临时管理人转为重整案件的管理人，但临时管理人履职表现不佳或出现回避情形等客观原因致使其无法继续履职的除外。关于临时管理人的职责，笔者认为重在监督，企业仍应由债务人自行管理。

二、确立统一、规范的预重整程序规则

随着全国预重整工作的开展，地方指引的法律位阶过低，区域性也较强，无法得到广泛适用，我国急需确立统一、规范的预重整程序规则。

（一）规范预重整的启动

要启动预重整，必须有严格的实质要件，虽然各地法院的适用条件不一。笔者认为能够进行预重整的企业需满足以下条件：（1）企业规模较大，对地区经济发展有重大影响；（2）债权人数众多；（3）企业职工数量较大，影响社会稳定；（4）直接受理重整申请可能对债务人生产经营产生负面影响或者引发重大社会不稳定因素。不难看出，企业破产预重整首先要保护的权益是社会的稳定，且要与破产重整制度区分开来。

笔者认为，预重整本质上还是债务人与利益相关方在庭外自主协商谈判后对各方利益达成妥协安排，随后进入重整程序寻求司法约束力的一种债务人自我救济措施，公权不宜过度干涉私权，从挽救企业的角度看，不应对企业规模、债权人数量进行限制。预重整的启动主体应是债务人或债权人，可保障各方当事人利益。一般来讲，法院裁定受理预重整申请前要进行听证程序，以听取各方对预重整的意见，法院审查认为具有重整价值的，作出预重整决定并进行预重整登记。

（二）部分解除财产保全措施和执行中止

由于债务人未进入正式的重整程序，从法理而言预重整管理人或债务人不能根据《企业破产法》第 19 条的规定申请法院解除对债务人的保全措施，中止对债务人的执行程序。且不说债务人已存在的财产保全情况，债务人一旦进入预重整，其陷入债务危机的信息会被进一步公示，债权人会争相采取保全措施，使债务人危机加重。但执行程序不中止，预重整的谈判基础便不存在。根据目前各地法院的指引，一般辖区范围内可中止执行。从立法角度看，在全国范围内解决财产保全和执行问题，笔者建议建立以债务人与债权人协商为主，法院自由裁量为辅的预重整期间的执行与保全规定，对可能影响预重整程序进行的措施暂缓执行，同时债务人不能非经允许增加新的财产担保、不作出个别清偿，临时管理人能够妥善进行监管等。

（三）充分的信息披露

当事人之间的自由协商建立在信息充分披露的基础之上。美国《联邦破产法典》对预重整信息披露提出了如下要求：第一，信息披露说明必须符合"可适用的非破产法法律"有关信息披露充分性的要求，这里的非破产法法律主要指的是《联邦证券交易法》；第二，如果没有可适用的非破产法法律，则适用前款对信息披露充分性的一般要求，这主要指的是根据案件的具体情况，债务人提供翔实合理的企业相关信息，以便于债权人对方案作出理性判断。① 我国对于预重整期间信息披露的标准，各地指引性文件中大多仅作原则性规定而未作详细设定，2021 年《重庆市第五中级人民法院关于印发〈预重整工作指引

---

① 参见刘惠明、牟乐：《新型企业拯救模式：预重整制度》，载于《财会月刊》，2021 年第 11 期。

〈试行〉〉的通知》中有信息披露的规定，设定了"及时、全面、准确、合法"的信息披露原则。笔者认为在预重整立法中，信息披露制度的主要内容通常包括信息披露义务的主体、披露的内容和要求、违反信息披露义务的法律责任等。信息披露可以采取以下四个方面的措施：

（1）信息披露主体：除债务人以外应明确债务人的有关人员、预重整管理人、出资人均具有信息披露义务。

（2）信息披露的标准：全面、准确、及时、合法。

（3）信息披露的内容：以概括加列举的形式规定信息披露的内容。包括债务人经营状况、相关财务状况、履约能力、可分配财产状况、负债明细、未决诉讼及仲裁事项、模拟破产清算状态下的清偿能力、重组协议与重整计划草案的关系、预重整的潜在风险及相关建议等。同时，应规定披露信息的时间、范围和方式，确保各利益相关方都能够及时获取信息。

（4）加强披露监督和制裁力度：在预重整程序中，应加强法律监督和制裁力度，对债务人和相关利益者违反信息披露规定的行为进行追责和惩罚。建立完善的信息披露制度，避免信息不对称影响决策的公平性，保护债权人和相关利益者的权益，以推进预重整乃至重整程序，挽救企业。

（四）预重整与重整程序的衔接

作为重整程序的前置程序，预重整程序以提高重整程序的效率为目的，重整方案需要在预重整程序中完成并提交法院审批，因此预重整期间也要涉及债权申报、决议表决等问题。那么预重整程序与重整程序中重复存在的事项，需要处理其衔接问题。债权申报是重整程序中必不可少的阶段，目的在于更加真实、客观地了解债务人的负债情况，以方便后续的财产处置程序以及制作财产分配方案。由于预重整程序就要制作重整方案，交法院审定，因此在预重整阶段也必须对债务人的负债情况进行客观真实的摸底，才能制作出可供执行的重整方案。同时，设定预重整最重要的目的，即在预重整程序中形成多数债权人同意的重整方案并延伸至重整程序进行适用，从而提高重整程序阶段的效率，节约时间成本。故为使预重整方案发生效力，需要实现预重整与重整程序的衔接。具体应当从以下几个方面实现两者的衔接：

1. 债权审查工作的衔接

第一，预重整期间要做好债权申报（登记）的通知工作，确保对重要债权人的信息掌握和债权认定。第二，关于债权利息截止日期的确定，通常做法是预重整期间债权利息暂计至法院受理预重整登记日期，待重整裁定作出后以法院确定的重整日期为准。

2. 财产清查的衔接

财产清查是制作预重整方案的基础。预重整期间应对债务人财产进行全面的调查，该财产调查结果同样适用于重整程序。

3. 预重整方案效力的衔接

此乃预重整制度的核心价值。预重整程序中债务人、债权人、投资人等其他利益相关人自行协商谈判，并达成协议，拟定预重整方案，具有较大的灵活性。目前我国大部分地区对预重整期间的表决并未进行细化或者详细规定，仅就表决事项作了规范。笔者认为，表决规则可参照破产重整执行（形成的预重整方案的效力延伸至重整程序的依据），并可就具体程序事项增加灵活性和经济性，例如表决期限和表决方式的灵活设定。

4. 管理人的衔接

在预重整期间，临时管理人履行的职责基本等同于破产程序中的职责，其预重整工作成果在重整期间可以直接确认。除非债务人或者债权人会议有证据证明预重整临时管理人存在《企业破产法》规定的不适宜担任管理人的法定事由，不宜更换管理人，否则会增加工作交接成本，加重债务人企业的负担。

三、其他制度建设

（一）预重整期间因生产经营所产生的债务及预重整费用的性质

预重整期间因生产经营产生的债务及预重整费用，可否视为破产重整的共益债务、破产费用进行处理，现行法律法规并无明文规定。陈唤忠认为，预重整方案按照《企业破产法》规定表决通过后，预重整期间因生产经营所产生的债务及预重整费用可参照《企业破产法》关于共益债务、破产费用的相关规定随时予以清偿。这有助于提升债务人、预重整管理人推动预重整程序的积极性，进一步提高困境企业重整成功的可能。[1] 笔者认同此观点，陷入债务危机的困境企业本就需要各方力量同心协力，共渡难关，若对拯救企业所做的付出无法在重整程序中确定"优先清偿"的顺位，预重整便难以启动。

（二）预重整期限

关于预重整的期限，各地的普遍做法是限定在 3 个月至 6 个月。笔者认为，作为以当事人意思自治为原则的庭外预重整，不宜设定具体的期限，各方当事人可以在谈判中根据企业情况自行协商期限。

（三）预重整失败后的程序问题

作为衔接庭外重组与庭内重整的程序，预重整如果成功，自然要根据程序规定，转入破产重整程序；若预重整失败，债务人自动恢复其原有经营状态，不存在直接转入破产程序的问题；若符合破产条件的，债务人或债权人可另行提出重整、和解或者清算申请。

以上是笔者对预重整主要涉及的程序规范的建议，预重整制度的完善需要更多系统化制度的设定。各地法院出

---

[1]　参见陈唤忠：《预重整制度的实践与思考》，载于《人民司法》，2019 年第 22 期。

台的相关规定为我国预重整制度的立法打下了坚实的基础，但是各地规定不一，甚至对预重整的基本性质有错误的认识，需要及早纠正。

目前，我国对困境企业拯救的二元机制已经基本形成，预重整作为庭外重组和庭内重整的"衔接折中机制"，已经被最高人民法院、地方法院肯定。预重整降低了破产重整制度的时间和经济成本，弥补了重整程序中的缺点，能够有效解决企业困境，提高破产重整的质量，有利于实现公平和效率的有机结合，提升营商环境。全国人大法工委已经将《企业破产法》全面修订工作提上议程，我国预重整制度也将出台明确且细致的规定，相信不久的将来，预重整制度会载入破产法。

第四章　企业破产府院联动机制

第一节　企业破产府院联动机制概述

一、企业破产府院联动机制的内涵

破产重整、清算与和解共同构成了我国的破产法制度。由于企业在破产程序中存在许多破产衍生的社会问题亟待处理，如职工安置、资产变现、税费优惠、融资等，对上述问题的处理完全依赖法院司法权是不够的，还需要政府行政力量的适当介入帮扶，在节约司法成本的同时，更好地平衡各相关方的利益，维护社会稳定和市场秩序。实践中为了有效解决因企业破产而衍生的社会问题，人民法院与各地人民政府在党委的领导下，探索了"府院联动"机制。其中"府"指政府，"院"指法院，破产程序中的府院联动机制是指从案件实际需求出发，在破产程序中所涉及的较复杂的衍生问题的处理上，在坚持党委的领导下，增强各级人民政府相关部门与法院的联动性，形成

"法院是破产程序主导者，政府是破产案件协调者和风险处置组织者"的府院良性互动模式，使得政府和法院在职责范围内各司其职，互相配合，互相支持，以使破产程序能有序、规范推进。

法院作为主导者首先是因为人民法院是破产案件的审理者，企业破产程序作为一种司法程序，从破产申请的受理到终止都离不开法院的主持。其次，"一法两规"① 强化了人民法院在破产办理体制中作为公权力代表的核心地位。例如，在引入破产管理人这一制度角色的同时，相应地创设了人民法院听取、审查管理人工作报告的权力；在引入企业程序的同时，赋予了人民法院批准重整计划、审查管理人重整计划执行监督报告的权力。最后，相较于政府行政权主动、扩张的态势，法院司法权处于弱势，为了提高司法权的地位，平衡法院司法权与政府行政权，就要赋予法院司法权终局裁判性，政府行政权必须接受法院司法权的终极性，才能保证两者之间力量的均衡。②

政府作为破产案件的协调者和风险处置者，主要是为了弥补市场失灵。由于信息的不完全、不对称，加之垄断、市场主体的外部性行为和收入不均等，市场在资源配置中偶尔也会失灵，当市场这只"看不见的手"失灵时，政府这只"看得见的手"就需要及时补位，积极履行社会

---

① "一法两规"分别指《企业破产法》《最高人民法院关于审理企业破产案件指定管理人办法》《最高人民法院关于审理企业破产案件确定管理人报酬的规定》。

② 参见尹正友：《企业破产与政府职责》，法律出版社，2010年版，第186页。

管理和公共服务职能，通过宏观调控弥补市场缺陷，矫正市场失灵，避免造成市场混乱和无序。此外，政府行政权倾向于对社会公众的经济和生活进行主动干预，维护社会秩序和福利，提供公众所需的公共服务。[①] 在面对企业破产引发的社会问题时，政府适当介入辅助法院处理更为合适。一方面，无论是从促进市场经济发展角度还是从政府依法履职的要求来讲，适当介入破产审判，参与企业破产处置都是政府及各职能部门义不容辞的责任。另一方面，政府不论是在秩序维护、破产预防，还是在协调各行政部门、社会保障上都可以充分调动各种社会资源，维护社会稳定和市场秩序，与法院形成良性互补，帮助弥补司法行政、司法审判过程中的不足，处理好诸多行政管理部门之间的复杂关系，做到办事与办案、开庭与开会、裁判与谈判三者的结合。[②]

二、企业破产程序中府院联动机制的定位

府院联动机制是基于破产市场化实施中社会配套法律与制度建设不足而产生的，在司法实践中缺乏强有力的法律支撑，其更多地见于司法文件、地方法规和规章。此外，在地域发展上也有差异，故现阶段的府院联动机制具

---

① 参见孙笑侠：《司法权的本质是判断权：司法权与行政权的十大区别》，载于《法学》，1998 年第 8 期。

② 参见魏新璋：《破产审判与"僵尸企业"处置的实践探索与思考——以衢州法院加大"僵尸企业"司法处置力度助推供给侧改革为观察点》，载于《法治研究》，2017 年第 2 期。

有非市场化、非法治化和非制度化的特征，其定位更像是一个过渡性的机制。目前的府院联动机制通常是一个城市一种做法，甚至在不同的区、县也没有统一，在处理上也偏向于个案，并未形成制度化、常态化的解决方法。在实际操作层面许多政策措施无法可依、无章可循，仅能依赖人治来推动政府和法院的正常联动。[①] 一旦党委或政府有关领导发生调任变动，相关政策很可能就会随之变化，存在很大的不确定性和不稳定性。但值得注意的是，府院联动机制作为现阶段解决破产衍生社会问题的有效途径必将长期存在于司法实践中，对此应持积极态度，不断优化，以向制度化、常态化和法治化解决问题的方向发展，更好地为市场化的破产程序服务。

三、实施企业破产府院联动机制的意义

（一）弥补法院司法权解决破产衍生问题的不足

近年来，全国各级法院逐渐开始重视破产审判工作，破产案件数量也随之攀升。2007 年至 2020 年，全国法院破产案件受理总数为 59604 件，审结破产案件 48045 件。[②]从 2015 年至 2020 年的数据也可以看出，除 2019 年外，

---

① 参见龚佳慧：《论府院联动机制的构建》，载于《公司法律评论》，2019 年第 19 期。

② 见《全国人民代表大会常务委员会执法检查组关于检查〈中华人民共和国企业破产法〉实施情况的报告》，中国人大网，http://www.npc.gov.cn/npc/kgfb/202108/0cf4f41b72fe4ddeb3d536dfe3103eb3.shtml。

破产受理案件数量整体呈上升趋势（如图 4-1 所示）。不断增长的案件数量给法院带来了巨大的压力，截至 2021 年 8 月，全国共设立了 14 个破产法庭，约 100 个集中办理破产案件的破产审判庭、合议庭以及 417 名负责破产事务的法官。① 但由于破产案件法律关系烦琐、社会矛盾突出、审理周期长，法官在审判过程中仍难以有效推动案件的进程。

图 4-1 2015—2020 年全国破产案件受理、审结数量

究其原因，最主要的便是法院在面对企业破产引发的衍生问题时职能有限。法院服从于法律，仅能在其职能范围内审理企业的重整和退出的法律关系，难以调配、整合社会资源并有效地对政府各职能部门进行协调，因此在面临破产审判过程中出现的如职工安置、资产变现、税费优

① 《全国人民代表大会常务委员会执法检查组关于检查〈中华人民共和国企业破产法〉实施情况的报告》，中国人大网，http://www.npc.gov.cn/npc/kgfb/202108/0cf4f41b72fe4ddeb3d536dfe3103eb3.shtml。

惠、融资等衍生问题时往往无计可施。与法院的司法权特征相反，政府有责任减少甚至是预防突发事件，降低对社会的不利影响。根据主权在民原理，责任政府的要义在于公共权力的行使者须对公共权力的所有者负责，这不仅是西方议会制的通论，也是我国人民代表大会制度的本质要求。[①] 在面对企业破产引发的一系列衍生问题时，政府和法院在党委的领导下，坚持法院的主导地位，发挥政府的职能优势，依托法治路径盘活闲置资产，减轻破产企业的负担，实现债务人财产价值最大化，保护当事人的合法权益，维护社会主义市场的公共利益和经济秩序，能够达到较好的司法效果和社会效果。

（二）助力实现破产法市场化、法治化实施

破产法的市场化实施由所处社会的市场化程度决定，尤其是相关配套制度的市场化覆盖程度，即相关配套制度是否覆盖企业破产领域，是否能够与破产法整体性相协调。以德国为例。德国 1994 年通过了新的统一《破产法》，取代了已有 120 多年历史的旧破产法，以及东德地区的《集体强制执行法》。[②] 德国破产法的实施有着较长的历史和较为完善的法律体系，企业的破产除了需要援引《破产法》，一般还涉及对《股份公司法》《撤销法》《税捐法》《联邦育儿金法》《民法典》《企业养老金法》《企业组

[①] 参见温辉：《责任政府：内涵、形式与构建路径》，载于《法学杂志》，2012 年第 4 期。

[②] 参见刘敏：《实践中的商法》，北京大学出版社，2011 年版，第 556 页。

织法》《土地登记簿法》《合作社法》《商法典》《解雇保护法》《住房所有权法》《社会保障法》《民事诉讼法》《保险合同法》《强制拍卖及强制管理》《著作权法》《刑法典》等的适用，具体如《刑法典》第 263 条及第 265 条规定了破产相关的诈骗犯罪构成，第 266 条规定的背信行为，第 266a 条规定的侵吞和不诚管理劳动报酬，第 283b 条规定的违反财务报表义务的行为和制作虚假资产负债表的行为均需受到处罚，第 283c、283d 条更是将偏待债权人和债务人都列为犯罪。[①] 此外，德国破产法取消了税收优先权的做法，使全体债权人得到公平清偿，防止了国家与民争利。德国的鉴定人制度更是为法官足不出院办理破产案件提供了条件，法官对破产申请有疑问乃至破产欺诈行为的调查，均可通过委任鉴定人进行解决。然而，我国企业破产相应的社会配套制度、法律仍尚待完善，已有的往往以正常经营的企业调整为主，缺乏对步入破产程序的困境企业的关注。长此以往，这类困境企业与破产法的生态便形成了一种缺失、隔离的关系，难以配合、融合和衔接破产法的实施，配套法律制度的缺失甚至还会成为破产法实施的绊脚石。

真正的市场化的破产至少应包括以下三点内容：一是有符合市场规律的破产法，二是有专业的组织和人员，三

[①]　参见莱因哈德·波克：《德国破产法导论》（第六版），北京大学出版社，2014 年版，第 1～14 页。

是有完善的为破产服务的社会配套制度。[①] 随着立法的更新，相应的司法解释的出台以及专业人员的培养，可使前两点内容能在法律体系内不断发展完善，但是为破产服务的配套制度这一点单纯依靠法律体系的完善难以实现。正如有学者所言："我国破产法体现了国家引领的渐进式变法，我们的社会不具备早期发达国家如德国一样充分发展的条件，难以为法治现代化提供坚实的基础条件和丰沃的成长土壤。"[②] 目前，由于相关机制尚未健全，政策存在空白时，譬如涉及破产的税费缴纳、重整企业的信用修复、社会秩序以及金融管理等不能通过法律程序解决，只能在党委的领导下，政府适当介入破产重整程序来解决，如通过提供资金和行政管理支持，或制定相关政策，从破产个案支持到政府和法院协同寻求建立综合配套制度的联动，为破产法提供良好的外部环境，以期最终实现破产法的市场化和法治化。

（三）持续优化法治营商环境

良好的营商环境是一个国家或地区经济软实力的重要体现，办理破产是世界银行营商环境评估指标体系中的重要指标之一。[③] 习近平总书记提出"法治是最好的营商环

[①] 参加王欣新：《论破产法市场化实施的社会配套法律制度建设》，载于《人民法院报》，2017年6月14日，第7版。

[②] 陆晓燕：《"市场化破产"的法治内蕴》，法律出版社，2020年版，第37页。

[③] 参见王欣新：《营商环境破产评价指标的内容解读与立法完善》，载于《法治研究》，2021年第3期。

境"，准确且深刻地捋清了当下营商环境和法治的关系。破产府院联动是习近平法治思想的生动实践，其在规范司法权力运行的同时，对政府行政权介入破产程序也定了规矩，划了界限，对于加快优化营商环境具有重要作用。破产审判工作是一项牵一发而动全身的系统工程，既是法律工作，更是社会管理工作。府院联动机制在坚持党委领导下，形成由法院主导、政府协调的联动原则，对优化营商环境的各项工作作出细化安排，推动社会资源的优化配置和产业结构的转型升级，以维护民生利益和社会稳定为目标，基于破产案件涉及面广、疑难复杂等特征，发挥府院联动的协同效应、乘数效应、辐射效应，加强信息交流共享，保障各成员单位统一协作，充分发挥各部门的职能优势，依法及时履行职责，统筹解决有关产权瑕疵、资产处置、债务调整、社会稳定、税收优惠等重点难点问题，大幅度提高了债权清偿率，为经济社会高质量发展提供了有力保障。

第二节　企业破产府院联动机制考察

一、府院联动机制实践

府院联动机制是市场化破产下政府适当介入的表现，以司法权力程序为引导、行政权力为配套解决破产衍生的问题。府院联动机制是在法制不完善的背景下产生的，其定位更像是一个过渡机制。尽管府院联动机制的建立和实施是为了完成中央为"实施市场化破产创造条件"的任务，国家层面也出台了一些相关司法文件，但在实践中地区差异较大，通常一个城市或省份就有一种模式。

从国家层面看，2016 年，最高人民法院在《关于依法开展破产案件审理积极稳妥推进破产企业救治和清算工作的通知》中提到："法院在地方党委领导下，积极与政府建立'府院企业破产工作统一协调机制'，协调机制要统筹企业破产重整和清算相关工作，妥善解决企业破产过程中出现的各种问题。"2018 年，最高人民法院在《全国法院破产审判工作会议纪要》中指出："法院在审理破产案件时要完善政府与法院的协调机制，通过加强与政府的沟通协调，帮助重整企业修复信用记录，依法获取税收优惠，以利于重整企业恢复正常生产经营。"2019 年，最高人民法院在《全国法院民商事审判工作会议纪要》《关于为推动经济高质量发展提供司法服务和保障的意见》等中也都强调要发挥法院与政府的破产联动协调机制。在北大法宝以"府院"为关键词全文检索①，可以梳理出国家层面针对府院联动机制的文件，见表 4—1。

---

① 该数据的截止时间为 2020 年 5 月 10 日。

表 4-1 国家层面府院联动机制文件

时间	名称	内容
2016 年	最高人民法院《关于依法开展破产案件审理积极稳妥推进破产企业救治和清算工作的通知》	法院在地方党委领导下,积极与政府建立"府院企业破产工作统一协调机制",协调机制要统筹企业破产重整和清算相关工作,妥善解决企业破产过程中出现的各种问题
2017 年	最高人民法院《关于为改善营商环境提供司法保障的若干意见》	法院推进府院联动破产工作统一协调机制,统筹推进破产程序中的业务协调、信息提供、维护稳定等工作。积极协调政府运用财政奖补资金或设立专项基金,妥善处理职工安置和利益保障问题
2018 年	最高人民法院《全国法院破产审判工作会议纪要》	法院在审理破产案件时要完善政府与法院的协调机制,通过加强与政府的沟通协调,帮助重整企业修复信用记录,依法获取税收优惠,以利于重整企业恢复正常生产经营
2019 年	最高人民法院《全国法院民商事审判工作会议纪要》	要加强府院协调,制定相应预案,但不应当以"影响社会稳定"之名,行消极不作为之实
2019 年	最高人民法院《关于为推动经济高质量发展提供司法服务和保障的意见》	积极推动完善破产法制及配套机制建设,推动个人破产立法,推动成立破产管理人协会,推动设立破产费用专项基金,推进建立常态化"府院联动"协调机制
2020 年	最高人民法院《关于依法妥善审理涉新冠肺炎疫情民事案件若干问题的指导意见(二)》	法院要充分运用府院协调机制,发掘、释放企业产能

续表4-1

时间	名称	内容
2020年	最高人民法院《最高人民法院关于支持和保障深圳建设中国特色社会主义先行示范区的意见》	要求扎实开展破产制度改革试点，完善府院联动机制，建立破产信息登记与公开制度，协同解决破产处置涉及的税收政策、企业注销、信用修复等问题。推进破产案件审判权与破产事务管理权分离改革，支持深圳设立专门破产管理机构

从地区层面看，在构建破产审判府院联动机制方面，浙江省一直走在前列。2014年6月，温州政府办公室发布《企业破产处置工作联席会议纪要》；2016年3月，温州中级人民法院等联合出台《企业破产处置工作联席会议纪要二》；2016年11月，浙江出台《关于成立省级"僵尸企业"处置府院联动机制的通知》，这是我国破产审判实践成立的第一个省级府院联动机制。随着府院联动在各地的实践探索，浙江省、江苏省、福建省、江西省、湖南省、广东省、贵州省、陕西省、甘肃省、宁夏回族自治区、吉林省、北京市、上海市、重庆市共14个省份、自治区或直辖市出台了省级相关府院联动机制文件。天津市高级人民法院与国家税务总局天津市税务局就加强执行联动协作也签署了《关于建立完善执行联动协作机制的意见》。河北省廊坊市、保定市、沧州市，海南省三亚市，四川省南充市、泸州市、雅安市等多个城市也出台了市级的府院联动机制文件，以四川省彭州市为代表的部分地区也在积极探索构建府院联动机制。省级府院联动机制文件

汇总如下（见表4—2）。①

表4—2 省级府院联动机制文件

序号	省、市、区	文件名称
1	江苏省	《江苏省人民政府办公厅关于建立企业破产处置协调联动机制的通知》
2	浙江省	《关于成立省级"僵尸企业"处置府院联动机制的通知》
3	福建省	《进一步推进法治化营商环境建设24项工作举措》
4	江西省	《江西省企业破产处置府院联动机制工作方案的通知》
5	湖南省	《湖南省人民政府办公厅关于建立企业破产处置府院协调机制的通知》
6	广东省	《广东省深化市场主体退出制度改革实施方案》
7	甘肃省	《关于建立甘肃省企业破产"府院联动"工作机制的通知》
8	陕西省	《陕西省人民政府办公厅关于建立企业破产联动工作机制的通知》
9	宁夏回族自治区	《宁夏回族自治区企业破产统一工作协调联动机制》
10	北京市	《北京市高级人民法院等部门关于建立企业破产工作府院联动统一协调机制的实施意见》
11	上海市	《关于构建常态化府院破产统一协调机制的实施意见（试行）》
12	重庆市	《重庆市完善市场主体退出制度改革工作方案》
13	吉林省	《关于建立府院联动机制的意见》

---

① 截止日期为2021年8月15日。

续表4-2

序号	省、市、区	文件名称
14	贵州省	《贵州省人民政府办公厅关于建立企业破产处置府院联动机制进一步优化营商环境的通知》

二、府院联动机制的职责

各地府院联动机制的职责虽有差异，但大致职责是解决企业破产处置中法院和政府各职能部门之间的协调问题，明确各单位的职责，形成党委领导、法院主导、政府牵头、其他部门和单位紧密配合的联动机制。在破产程序中，府院联动机制涉及的主要事务包括以下几点：一是为了避免突发性群体事件，法院、管理人和政府相互配合做好维稳处置工作；二是坏账核销，由于银行等金融机构的处置权限限制和债权受偿率低，导致在破产程序中往往出现消极拖延的情况，故需要政府相关部门与金融机构沟通协调；三是加强破产审判司法处置，不动产的登记、审批不完善和违章用地等历史遗留问题也需要政府出面协调相关部门加快不动产的有效处置；四是招商引资，进入破产的企业信用受到影响，需政府凭借资源配置的优势为其搭建招商平台、提供政策帮扶引入重整投资方；五是税费优惠，本就陷入债务危机的破产企业需要行政机关配合实行减、免、缓等措施，减轻企业重整压力；六是信用修复，消除破产企业原有的信用缺陷对重整成功企业的重新融资、正常经营的不良影响。此外如逃废债的打击、产权过户、股权变更等破产引发的社会性事务也需要政府积极配合法院、管理人的工作，牵头协调相应的职能部门。

三、府院联动配套处置机制

随着各地府院联动机制的出台，府院联动配套机制也逐渐颁布，从地区层面看，以企业破产重整税收优惠和信用修复为例，重庆市分别出台了《关于企业破产程序涉税问题处理的实施意见》和《关于支持破产重整企业重塑诚信主体的会商纪要》，此外上海市、南京市、深圳市等地针对破产重整案件所涉事项形成了相应的制度，尽力为各地法院、政府和管理人在处理破产重整案件扫清障碍。从国家层面看，2021年最高人民法院、财政部、发展改革委、人力资源社会保障部、自然资源部、住房和城乡建设部等十三个部门发布了《关于推动和保障管理人在破产程序中依法履职进一步优化营商环境的意见》，从优化破产企业注销和状态变更登记、加强金融机构对破产程序的参与和支持、加强组织和信息保障等五个方面着手要求完善破产制度配套政策。此外，2021年8月1日，市场监管总局针对修复制度不健全、信用修复难等问题颁布了《市场监督管理信用修复管理办法》。这些国家层面府院联动配套文件的出台有助于府院联动机制发挥应有的作用，保障破产管理人权益，让法院在破产案件中能够回归纯粹的司法裁判，让政府及时履行秩序维护、社会保障等服务职责，在市场化和法治化的轨道上最大限度地保存企业的营运价值。各省、市、区部分府院联动配套机制文件见表4－3：

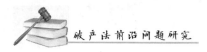

表4－3　各省、市、区部分府院联动配套机制文件

序号	解决问题	省、市、区	文件名
1	破产费用	上海市	《企业破产工作经费管理办法（试行)》
2	破产费用	北京市	《北京市高级人民法院破产费用援助资金使用办法（试行)》
3	破产费用	重庆市	《企业破产费用援助资金使用办法》
4	破产费用	深圳市	《深圳市中级人民法院破产案件管理人援助资金管理和使用办法》
5	破产费用	南京市	《南京市金陵破产管理人援助基金会资金管理和使用办法》
6	破产费用	青岛市	《市级破产案件援助资金管理使用办法》
7	破产费用	成都市	《破产案件专项项目资金管理使用办法（试行)》
8	涉税事项	上海市	《关于优化企业破产程序中涉税事项办理的实施意见》
9	涉税事项	北京市	《国家税务总局北京市税务局关于进一步推进破产便利化优化营商环境的公告》
10	涉税事项	重庆市	《重庆市高级人民法院国家税务总局重庆市税务局关于企业破产程序涉税问题处理的实施意见》
11	涉税事项	深圳市	《深圳市税务局关于企业破产涉税事项办理指南》
12	涉税事项	大连市	《关于优化企业破产处置过程中涉税事项办理的意见》
13	涉税事项	宣城市	《关于优化企业破产程序中涉税事项办理的实施意见》
14	涉税事项	江苏省	《关于做好企业破产处置涉税事项办理优化营商环境的实施意见》

序号	解决问题	省、市、区	文件名
15	涉税事项	佛山市	《佛山市中级人民法院关于规范破产程序中涉税费问题办理的意见》
16	信用修复	重庆市	《重庆市高级人民法院中国人民银行重庆营业管理部关于支持破产重整企业重塑诚信主体的会商纪要》
17	信用修复	江苏省	《关于完善信用修复机制保障信用主体权益的通知》
18	信用修复	齐齐哈尔市	《关于破产管理人处理税务及信用修复问题的工作指引（试行）》
19	企业注销	重庆市	《关于企业注销有关问题的会商纪要》
20	企业注销	上海市	《关于企业注销若干问题的会商纪要》
21	企业注销	陕西省	《关于推进企业注销便利化工作的通知》
22	僵尸企业	湖南省	《关于支持做好"僵尸企业"注销工作的通知》
23	僵尸企业	重庆市	《关于进一步做好"僵尸企业"及去产能企业债务处置工作的通知》
24	僵尸企业	广东省	《关于"僵尸企业"司法处置工作指引》
25	职工权益保障	上海市	《关于企业破产欠薪保障金垫付和追偿的会商纪要》
26	职工权益保障	深圳市	《深圳经济特区欠薪保障条例》

四、府院联动机制现有模式

实践中，府院联动机制的工作模式主要有联席会议、专题会议、领导小组、联合调研及例会。联席会议通常由总召集人或副总召集人负责召集，会议听取破产企业处置情况报告、协调联动多职能部门事项，对报请协调解决的事项达成一致意见的形成会议纪要，对破产处置工作中的共性问题开展联合调研后经相关单位共同审定同意后进行联合发文。此外，江苏省还在省高级人民法院设立办公室负责协调联动机制日常工作，领导小组以单组长模式为主，通常由省政府常务副省长担任，协调会议除需确定召集人之外，还要求各单位指定相应处室主要负责人代表所在单位参加日常协调工作。北京市就府院联动机制工作提出了例会制度，由北京市高级人民法院召集，原则上每半年就相关工作情况、问题及工作计划召开一次全体会议。① 府院联动机制不论以何种模式呈现，其整体流程大致都为法院先深入了解破产企业的具体情况和矛盾后，再与各主管机关、政府部门进行沟通，其中破产案件一般涉及税务、财政、市场监管等政府部门，通过联席会议、专题会议、领导小组、联合调研或例会对不同部门的内部规定和管理规则进行梳理、解读，针对具体问题协同提出解决方案，最后通过政府发文或联合发文的方式对破产问题给予明确的政策支持以及分解任务，交予法院、破产管理人以及政府相关部门联动推进。

---

① 《北京市高级人民法院等部门关于建立企业破产工作府院联动统一协调机制的实施意见》，北京市人民政府网，www. beijing. gov. cn/zhengce/zhengcefagui/202004/t20200428 _ 1886419. html。

第三节　域外及我国香港特别行政区
破产行政管理制度的考察及借鉴

一、域外破产法律制度考察

基于破产案件具有极强的外部性这一特点，企业的破产往往会衍生出许多社会问题。除了如德国一般建立完善的破产法律制度，严格规范企业破产所涉及的衍生社会问题的解决，在企业破产制度较为成熟和发展的国家或地区，处理这类衍生问题时也会偏向于将破产案件中所涉法院司法裁判职能与政府行政管理职能分离协作运行，成立企业破产管理的官方机构，如美国规定的联邦托管人与我国香港特别行政区的破产管理署。上述企业破产官方管理机构在对破产管理人进行管理的同时，还会对解决破产衍生问题的行政管理事项进行管理。下文主要介绍德国的破产法律制度与美国及我国香港特别行政区的企业破产管理的官方机构，以为我国完善破产法制度提供参考。

（一）德国的破产法律制度

1994 年 10 月 5 日，德国议会通过了新的统一的《破产法》（又称《支付不能法》），用以取代制定于 1877 年 2 月 10 日并于 1879 年 10 月 1 日生效的已有 120 多年历史的旧破产法，以及东德地区的《集体强制执行法》。① 德国现行《破产法》将一般性规则置于法典的第一部分和第二部分，包括程序的一般规则、破产原因、启动程序的规定、破产财团的定义、债权人的分类、破产管理人和债权人自治机构；第三部分规定了破产程序启动的效力，包括一般性效力、处分权及与之关联的诉讼程序和抵销权、效力待定法律行为（如劳动关系）以及破产撤销；第四部分主要涉及破产财团的管理和变价，如财产的保全、变价的决定、附有别除权的标的物变价；第五部分包括破产债权人清偿规则，如债权确认、收益分配和程序的废止。剩下的分别是第六部分重整计划、第七部分债务人的自行管理、第八部分余债免除、第九部分个人破产程序、第十部分破产程序的特殊形式如遗产破产和共有财产破产，第十一部分国际破产法和第十二部分法律的生效规定。② 德国破产法虽然没有像美国、加拿大那样设立专门的破产管理机构，但其破产法的实施有着较为完善的法律体系。

除了有完善的法律体系，德国破产法还取消了大量债权优先权。如我国企业破产案件往往涉及税收问题，由于我国《税收征收管理法》和《企业破产法》关于欠税和担保债权的清偿顺序存在冲突，按照前法，税务机关必须严格执行税法，遵循税收法定原则，不得擅自减免、延迟相关的税款征收，而这与破产重整、和解所秉持的妥协让

① 刘敏：《实践中的商法》，北京大学出版社，2011年版，第556页。
② 莱茵哈德·波克：《德国破产法导论》（第六版），王艳柯译，2014年版，第10页。

步、共渡难关的精神不一致，故我国在处理这个问题时往往需要政府相关职能部门的介入。与我国政府行政权介入不同的是，德国破产法取消了税收优先权的做法，使全体债权人，特别是普通债权人得到了公平清偿，防止了国家与民争利。

德国的鉴定人制度为法官足不出院办理破产案件提供了条件，法官对破产申请有疑问乃至对破产欺诈行为的调查，均可通过委任鉴定人解决，鉴定费用由政府支付。如当法院根据鉴定人的调查，确定债务人存在不法处分财产的行为，涉嫌破产欺诈时，将通知破产管理人行使撤销权，由管理人向法院提起撤销权诉讼。

（二）美国的破产法律制度

美国在 1987 年破产法改革之前，法官承担着大量的行政管理事务，时间一长其缺陷也逐渐暴露，一是法官承担大量的行政管理事务不仅加重了其负担，更是影响了其处理案件的效率；二是削弱了法官的中立裁判地位。1987年破产法进行修改，美国破产管理监督工作的主要承担者从司法机关逐步转变为行政机关[1]，原来的以法院或法官为中心也逐步转变为以联邦破产托管署及其在各地设立的分署为中心，每个署由一名联邦托管人、一名托管主理人和其他办事成员组成，联邦托管人的任期为 5 年。联邦破

---

① 尹正友、张兴祥：《中美破产法律制度比较研究》，法律出版社，2009 年版，第 90 页。

产托管署的职责主要规定在《司法系统与司法程序法》当中，具体包括创设并管理清算程序职业管理人候选名册；在法定情况下根据需要担任个案管理人；监督除市政破产之外的所有破产案件的程序管理①；履行法定以及司法部部长要求履行的相关职责，确保破产案件中的公共利益得到保障等。位于全国各地的分署则主要负责监督破产管理人的履职情况，要求管理人定期披露其工作信息。

在美国，联邦托管署主导着破产管理人的选人体系，在指定破产管理人上享有宽泛的权力。联邦托管署不仅在其辖区内就清算案件组建管理人名单以备个案指定管理人之外，还能指定一名或一名以上常驻管理人（standing trustee）专门负责管理固定收入者债务整理案件、家庭农场主和渔户债务整理案件。依据美国破产法，清算案件破产管理人的最低报酬为每案 60 美元，除固定薪酬外，管理人还可以其向债权人分配的破产财产价值为基础抽取佣金。② 托管署则需区分管理人报酬与管理人所聘用的专业人员费用，严格控制计费时间并审查费用。

除了设立破产托管署，由行政官员主管联邦托管署以

---

① 包括：审阅管理人报酬请求并向法院提交针对性建议，审阅重整计划以及披露公告，采取相应行动以确保所有报告、表格以及手续费用都依法缴纳，监督债权人委员会工作，就可能发生的破产犯罪问题通知联邦检察官并协助调查起诉，监督破产程序进程并采取行动避免程序拖沓，针对属于"中小企业"（small business）的债务人特别职责，监督所有专业人员聘用情况以及利益冲突问题。

② 佣金计算标准为：以向其所管理的案件中所有债权人（包括担保债权人）分配的破产财产价值为基础，价值不高于 5000 美元，管理人报酬不超过 25%；价值 5000~50000 美元，管理人报酬不得超过 10%；价值 50000~1000000 美元，管理人报酬不超过 5%；价值高于 1000000 美元，管理人报酬不超过 3%。

"监督者"身份对各类当事人行为进行合法合规审查，美国还设立联邦破产法院专职处理破产案件。美国破产法赋予其可发布指令，作出判决，自行或依照当事人的请求召开审前会议和批准或强制批准重整计划等权力。此外，破产案件的绝大部分事务性与技术性工作也相应地交给破产管理人承担，在重整案件中会引入督查人（examiner）对重整程序中的特定事项或整体程序进行专业调查或监督，协助法院，实现法院的中立裁判。[1]

（三）香港破产管理署

我国香港特别行政区的公司强制清盘案件的司法管辖权通常由香港高等人民法院行使，但是破产案件的办理不仅涉及法院的管辖，还涉及政府的管理。为了更好地处理破产相关事务，政府在香港财政司下设立了破产管理署参与破产案件。破产管理署署长由特别行政区行政长官委任，其与个案处理部、法律事务部 1、法律事务部 2、财务部和行政部五个部门组成[2]，各部门的职能见表 4-4：

---

① 龙光伟：《深圳破产审判年刊 2019》，人民法院出版社，2019 年版，第 93 页。

② 尹正友：《企业破产与政府职责》，法律出版社，2010 年版，第 242 页。

表4-4 香港破产管理署各部门职责概览[1]

部门	职责
个案处理部门	(1) 负责破产/清盘管理工作，包括资产变现
	(2) 裁定债权人的申索
	(3) 派发债款
	(4) 调查破产/清盘原因、破产人或公司行为操守和事务
	(5) 执行有关清盘及破产事宜的条例
	(6) 监察受托人/清盘人行为及操守
法律事务部1	(1) 就破产/清盘案件提供法律意见
	(2) 出席非正审及最终的法律聆讯
	(3) 在复杂的个案中聘任大律师
法律事务部2	(1) 调查及检控触犯无力偿债罪行的人
	(2) 调查及向法院申请取消公司董事、清盘人及接管人的资格
	(3) 进行企业拯救程序的立法工作
财务部	(1) 对破产/清盘案件进行财务及会计调查
	(2) 对外间清盘人、受托人所提交的账目进行法定的核数工作
	(3) 管理破产/清盘案财产款项，安排投资事宜
	(4) 执行部门的会计职能
行政部	(1) 提供行政支援及翻译服务
	(2) 执行人力资源管理

---

[1] 龙光伟：《深圳破产审判年刊2019》，人民法院出版社，2019年版，第95页。

二、域外破产法律制度借鉴意义

(一)建立完善的破产法律制度

为了提高破产效率,可如德国一样建立完善的破产法律制度,这是我国破产法的最终完善目标,但并不符合现阶段破产制度的发展。我国从最初的《企业破产法(试行)》到《企业破产法》体现的是国家引领的"渐进"式变法,不具备早期发达国家如德国那样充分发展的条件,难以为法治现代化提供坚实的基础和丰沃的土壤。首先,基于市场经济起步晚的现状,我国在破产实践中还存在着许多不适的破产理念,不能意识到破产是优胜劣汰实现资源合理配置的正常途径,依旧畏惧、回避和抗拒破产,面对破产实践中的各种矛盾缺少依循法治寻找解决路径的思维,甚至寄希望于政府最终兜底解决。其次,我国《企业破产法》中蕴含的市场机制是迫于我国市场经济国家的地位压力和域外移植而形成的,很大程度上限制了国家行政权力的扩张,导致了相关公权力的行政管理机关缺乏市场化处置危机企业和保护相关利益主体的意识和动力,被动着手处理破产案件中一些无法回避的行政管理事项。综上,移植而来的各种破产制度实际上很难在现阶段就实现与社会的充分契合,同样,社会大众的破产理念更迭以及制定或完善适合我国国情的破产制度也并非一朝一夕就能实现。

（二）区分破产案件中法院司法裁判职能与行政管理职能

除了美国和我国香港特别行政区会设立官方破产机构处理破产案件的相关事宜，加拿大和澳大利亚也设有专门的机构将破产行政管理权和司法审判权进行一定程度的分离，保证破产法官不再参与案件中的事务性管理，实现司法工作的"纯粹化"，保障司法权的中立，并通过审判权发挥破产案件的监督作用。实际上我国各地探索的府院联动机制正是借鉴了此种模式。综合区分破产案件中法院司法裁判职能与行政管理职能的考量主要有以下三点。

首先，破产法律制度除了具有法律调整作用，如规范企业的市场退出机制、公平清偿债务和挽救困境企业等，也逐渐承担了更多的社会意义和功能，需要从社会利益本位角度维护社会的整体利益，如我国目前强调的深化供给侧结构改革、处理"僵尸"企业、实现"三降一去一补"目标和国有企业改革等。[①] 维护社会整体利益离不开国家权力的适当介入，但绝不允许错误地过度行政干预。[②] 具体而言，在破产案件中，法院中立、公正地行使破产审判权，以公平公正为价值取向，服从法律进行调整；政府适当履行公共服务和社会管理职能，使破产程序能够在司法

---

① 王欣新：《府院联动机制与破产案件审理》，载于《人民法院报》，2018 年 2 月 7 日，第 7 版。

② 王欣新：《论破产立法中的经济法理念》，载于《北京市政法管理干部学院学报》，2004 年第 2 期。

权指导下逐步推进。

其次，囿于法院司法审判权的被动性，在处理债务人财产、核查债权申报、制定破产财产分配方案或制订重整计划等时，选定破产管理人作为第三方公正参与破产案件。但现阶段，我国监督、指导和培养破产管理人队伍都由法院负责，其在破产管理人的报酬等事项上享有绝对的控制权，尽管某些地区出现了"破产管理人协会"，但大部分地区的法院仍然主导着破产管理人的行业自治、教育培训和考试评鉴。随着破产案件数量的增加和复杂程度的上升，实践中的破产法官一方面在破产案件中承受着巨大的压力，另一方面还承担着审判者和管理者的双重角色，破坏了法院在破产案件中的中立性和权威性。[①]

最后，行政权在公共服务和社会管理上具有天然的优势，在面对诸如企业风险处置、资产变现、职工安置、税费减免和信用修复等问题时，能较快地解决。基于当事人的利益最大化，只有行政管理职能的积极介入和发挥才能积极回应破产案件的利益相关者的利益诉求，优化破产法实施的外部环境。

（三）设置专门的破产管理行政机构

目前我国对企业破产所涉及的行政管理事项主要集中在对破产管理人的管理上，与其相关的如任职资格、名册

---

① 龙光伟：《深圳破产审判年刊2019》，人民法院出版社，2019年版，第84页。

制定、报酬确定等事项基本由人民法院负责。为了确保破产案件的公正和效率，可以考虑将破产事务的有关监督管理权从法院剥离，交给专门的破产管理行政机构。《企业破产法》的实施需要法院、破产管理人、债权人会议、政府相关行政部门等履行好各自的职责，故设立专门的破产管理行政机构不仅涉及对破产管理人的监督管理工作，还涉及其他行政管理事务。

其一，对破产案件流程的监督需要破产管理行政机构负责，如对各种破产欺诈进行调查，保障破产程序的公信力。其二，破产管理行政机构可以对破产案件和破产形式进行统计分析，建立企业破产案件数据库，提供相关数据和总结经验，并可通过相关部门提议立法机关修改法律或进行相关司法解释，或者提议相关行政部门作出行政立法。其三，针对如金融机构、国有企业等利益主体较多的特殊类型企业，破产更能有效介入处理，缓解平衡诸多破产利益相关者的利益。其四，成立破产管理行政机构协调相关行政部门相较于法院或破产管理人更具效率和优势，能够切实做好企业破产所涉及的行政管理事务，保障破产程序的顺利推进。

第四节　企业破产府院联动机制的缺失

一、缺乏制度化、常态化的联动机制

府院联动涉及法院和政府多个部门单位的沟通协调，但是梳理各地的府院联动文件，不难发现大多数地区都规定了联席会议每年由总召集人或副召集人召集，至少召开一次，对于日常的破产府院联动事项缺乏统一的议事协调机制。以省级府院联动办公室为例，仅江苏省和江西省设立府院联动办公室于省高级人民法院，湖南省、贵州省府院联动办公室和陕西省的府院联动联络处则设立于省高级人民法院和省发展改革委员会处，其他省份并未设立常设性的办公室或联络处负责处理日常事务，整体仍旧体现了一事一办、临时协同和个案支持的特点。虽然这在处理破产案件上确实更有针对性、个性化，但个案下临时性府院联动机制不健全，协调事项连贯性差，更多的是依靠领导重视，特事特办，不具有规范性，不能反复、普遍适用，在"统一规划"的大方向下也极易造成案件审理过程中的地区不平衡。

府院联动机制的产生基于破产制度的不完善，目前相关规定主要集中在司法文件和地方法规、规章，缺乏强有力的法律支撑和具体的实施细则①，故在破产程序中一般是针对个案再协调有关部门解决，实践中的多地府院联动机制也处于非常态化、非制度化的起点，启动条件、参与部门、对接方法和沟通机制等细节不完善，在实施上较多地依赖党委的重视程度，存有"人走茶凉"的风险，极不具有稳定性。② 由于府院联动没有形成常态化运行机制，在实际操作中还会出现因无具体的实施细则，导致政府某些政策出台和落地时间跨度过长，如衢州市 2014 年出台《推进企业并购重组的若干意见》并拨付了 200 万元管理人专项资金，但由于如何列支不明确，故当年该项资金没有任何支出。③ 目前，中央文件、最高人民法院的工作纪要以及整个营商环境的完善等，为府院联动机制的深入推进提供了契机，把握这个契机赢得党委和政府的支持，使府院联动机制往制度化、常态化的方向发展在现阶段尤为重要。

二、政府和法院职权联动不畅

（一）政府职能定位不清晰

鉴于经济指标、就业数据、职工安置和社会维稳考量

---

① 黎雯悦：《府院联动机制在破产重整程序中的适用及转型》，见张善斌：《营商环境背景下破产制度的完善》，武汉大学出版社，2020 年版，第 40 页。
② 王欣新：《府院联动机制与破产案件的审理》，载于《人民法院报》，2018 年 2 月 7 日。
③ 程品方：《人民法院企业破产审判实务疑难问题解析》，法律出版社，2016 年版，第 9 页。

的压力，政府介入破产程序难免会应对资产变现、债务清理等具有挑战性的实际操作，产生"破产案件越多，商事主体越少，营商环境越差"的不适破产理念，由此出现了增设破产门槛的现象。以破产重整案件为例，由于部分政府认为破产重整涉及的行政管理事务是法院和管理人的职责，最终导致贻误公司的最佳救治时机。而在大型国有企业面临破产困境时，即使知道挽救成功希望渺茫，但基于社会维稳和地区生产总值考核压力等，政府还是会积极施以援手，过度干涉法院审判和管理人工作，帮助其步入破产重整阶段，维持企业的"僵尸"状态。① 此外，政府越位现象最为明显的是在上市公司重整中将行政审批作为法院受理的前置程序。申请人申请上市公司破产重整除需提交《企业破产法》第 8 条规定的材料外，还需提交重整可行性报告、证券监督管理部门的意见等材料。政府的提前介入在后续主导重整工作、安置职工、协调金融机构和监管部门上有极大优势，但是以行政审批作为法院受理的前置程序削弱了司法独立性与权威性，也背离了维护社会整体利益的方向和破产法的立法宗旨。

　　我国通过将《企业破产法（试行）》修正为具有市场要素的《企业破产法》，破产工作逐步从政策性破产向市场化、法治化破产转变，实现了破产法制的变革。但是由于我国没有时间和条件如发达国家那样从容不迫地经由漫

---

① 李曙光：《通过破产制度实现"僵尸企业"的破产出清》，载于《社会科学动态》，2019 年第 1 期。

长的社会变迁，逐步、零散地试错，积累，最终形成成熟、全面的法律，所以我国的破产法必然从一开始就需要选择一种最有质效的整体性计划——域外破产法律制度的移植改造。① 虽然我国破产法律制度在构造框架上与其他市场经济发达的国家有了一定程度的接轨，但对保护社会整体利益和破产配套处置机制的体系化构建的重视程度严重不足，毫无疑问政府乃至整个社会长期以来对破产法的了解程度也都还不够。② 故在实践中，政府自身的角色定位极易出现个别极端情况，要么不当介入过度干预法院破产案件审判，要么就以不属政府法定职责为由置之不理。③ 前者政府对法院破产审判的支持力度和配合力度对破产案件的顺利推进确有助力，却大大削弱了法院在破产程序中的主导作用，而后者的消极不作为让法院面对一系列棘手的社会问题时无所适从。

政府职能在企业破产案件中的缺位和越位极大地影响了破产审判的效率。如果党委和政府高度重视营商环境建设，成立市领导牵头的工作专班，积极与法院协同配合推进破产工作，多次召开协调会议，协调解决企业破产处置工作中衍生的问题，就能最大限度地维护利益相关者的利益和社会秩序。因此政府若能明晰在破产案件中的职能定

---

① 陆晓燕：《"府院联动"的建构与边界——围绕后疫情时代市场化破产中政府定位展开》，载于《法律适用》，2020 年第 11 期。

② 陈萌：《遵循市场化、法治化原则构建破产处理的府院协调机制》，载于《人民法院报》，2019 年 3 月 21 日。

③ 曹文兵：《破产案件审理过程中司法权与行政权的边界》，载于《湖北民族学院学报（哲学社会科学版）》，2018 年第 1 期。

位，摒弃过去不适的破产理念，尊重法院在破产程序中的主导作用，妥当处理与法院职能的关系，做到有所为，有所不为，对破产程序的推进将至关重要。

（二）法院"两权"混同运行弊端明显

前文提及的"一法两规"的出台，在解决我国破产管理人管理、选任和报酬问题的同时，也在制度上确立了人民法院对破产办理过程中"人事"与"费用"的管理权，法院不可避免地从纯粹的审判者转变为兼具审判权与行政管理权的公权机关。从权力的角度来看，法院解决实体法律争议的司法裁判权具有中立性、被动性、结论终局性和强制性，应为破产审判权，具体为在处理企业破产案件过程中，应有法院的职业法官居于中立地位，在法定程序听审或书面审查之后，应对当事人的申请或所涉争议依法作出裁判或结论的公权力，如破产案件的受理、破产重整计划的批准等。除了破产审判权，在法院围绕破产审判权行使、服务破产审判工作的相关行政事务管理事项中衍生了破产事务管理权，具体为在处理破产案件中，应有具有相应行政管理职权并掌握行政管理技能的主体基于推进破产程序的有序、规范运行之目标，管理、监督和保障破产管理人履职，根据法律或政策需要而主动行使的公权力。[①]面对当事人人数众多、利益纠葛复杂和社会影响较大的企业破产案件，法院为集中精力处理破产案件中的关键法律

---

① 龙光伟：《深圳破产审判年刊》，人民法院出版社，2019 年版，第 64 页。

问题时，要求破产管理人能为其减负，处理信息沟通、事务协调等行政事务工作，同时要充分领会工作意图并遵循司法规律，提高破产案件的办理质效。因此法院对破产管理人的培育、入职资质、指定和考核有特别的期待和要求，在破产管理人制度尚不成熟的情况下，由法院来行使这一管理性质的权能又似乎是不得已而为之。

法院同时行使破产审判权与管理权所带来的最突出的问题是对法院的中立地位与司法权威产生影响。虽然《企业破产法》将大量行政事务性工作交由破产管理人承担，但在法院同时行使破产审判权与破产事务管理权的制度安排下，法院不仅仍然可能介入企业破产案件的管理性工作，而且很容易在破产管理人选任、履职以及确定报酬等问题上遇到不中立的质疑。在选任管理人的问题上，法院就有可能面临未入册破产管理人、未当选破产管理人以及对选任决定不满的破产案件当事人的质疑；在确定管理人报酬问题上，法院同样会面临其是否刻意压缩破产管理人报酬，或太过纵容破产管理人报酬请求等类似疑问。此外，如果法院深度介入破产案件的办理工作，其在案件进程中的各类决定、裁决就很容易被视为是对破产管理人工作的"背书"，由此造成破产案件各方当事人对其中立地位的怀疑。必须承认，大多数破产案件当事人及公众对破产制度了解有限，加之破产案件往往涉及多方当事人的重大财产利益，因此法院在破产案件中保持中立地位、维护司法权威所面临的挑战会更明显。可以预见，随着法院在贯彻执行《企业破产法》中作为公权力代表的角色日益强化，同时基于近年来我国司法体制改革的总体发展方向以及最高人民法院对于破产审判专业化的要求，法院在办理破产案件中"两权"混同行使而致其中立性、司法权威被质疑的问题将愈加凸显。例如重庆破产庭在处理力帆破产重整案件时对破产管理人的管理质效的相关规定作了修改，尽管缩短了破产管理人选任的内部流转时间，注重了对破产管理人实际工作经验的考察，修订了以竞争方式选任破产管理人的评分细则，但很大程度上分散了破产法庭处理案件的有限精力，也导致破产管理人履职附从化和消极化。在破产案件中部分法院或法官出于对案件质量的监督以及避免案件处理结果对社会造成不利影响，倾向于在微观层面指挥、干预管理人工作，或要求管理人多次汇报，而破产管理人在履行职责时也容易出现事无巨细向法官汇报，依赖法官指示来开展工作的情况。此外，法院在管理人资格设定、个案选任以及报酬确定等方面的职权更是强化了破产管理人与法官之间的纽带关系。尽管此举对法官与破产管理人之间的沟通和破产程序的推进有益，但是从长远看，管理人难以如立法者的预期独立履职，从破产案件中的关键制度性角色退化甚至附从于法院，这既不利于法院维持中立的司法者形象和司法权威，更不利于管理人队伍以及破产服务市场的健康成长。

人民法院作为企业破产案件的审理者、破产程序的主导者在破产程序中的任一环节都需秉持公正与中立，抑制政府职能过或不及的不当干预，平衡和保护企业破产相关利益者的利益。面对破产审判权和破产事务管理权混同运行的现状，法院更是需要回归破产审判权，避免越俎代庖，从破产程序的主导者变为破产行政事务的具体操作者。故法院在破产程序中也应该找准自己的定位，明确自己的职责，专注于审判业务，监督和指导破产程序，积极与政府联动，更好地提高破产案件的审理质量和效率。

三、破产管理人的弥合作用发挥受限

（一）破产管理人的独立法律地位被忽视

为保障破产府院联动机制的有效实施，破产管理人在破产审判中肩负着大量工作，在政府行政权与法院司法权之间的矛盾或者缝隙中本可发挥独特而重要的弥合作用。[①] 在破产案件中大费周章创新破产管理人的选任和管理方式，选拔出综合实力出色的管理人候选人无一例外都表明管理人在破产程序的推进中扮演着不可或缺的角色。但是通过梳理各地出台的府院联动机制相关文件，可以发现大都以政府与法院两个主体为主作出展开联动的相关规定，偶有提及也是将破产管理人依附于法院，忽略了其与法院、政府的关系和在破产程序中应有的独立的法律地位。在府院联动协调机制不健全的地方，破产管理人作为第三方机构在与政府部门对接协调的过程中，由于政府相关部门对破产管理人认识不到位，在管理人持法院的决定

---

① 黄贤华：《破产管理人对府院协调机制的弥合作用》，载于《中国注册会计师》，2020年第3期。

书办理破产业务时，往往会受到不同程度的"冷遇"，甚至直接拒绝，赔笑脸、说好话成了"家常便饭"。而法院因本身事务繁忙等，面对破产管理人提出的各种协调请求，有时会出现久拖无进展或者直接以"府院联动规定已很清楚，无须法院出面"等原因将协调工作再推还给破产管理人，让破产管理人陷入两难的局面，导致其在法院、政府和利益相关者中间利益沟通的弥合作用发挥受限，破产工作也难以有实质性的推动。

（二）破产管理人履职权益保障不到位

除了破产管理人的独立法律地位被忽视，其履职权益未得到相应保障也是其弥合作用发挥受限的重要因素。根据《企业破产法》的规定，目前破产管理人的制定和报酬都由法院负责[①]，而后根据最高人民法院发布的《关于审理企业破产案件确定管理人报酬的规定》可知管理人报酬的多少取决于债务人最终实际清偿债权人的价值总额，且一般不包括担保物所清偿担保权人的价值。[②] 尽管该规定旨在推动管理人开展工作的同时实现债务人财产的最优化，但是在实践中却遇冷难以实现。从市场化实施的角度

[①] 《企业破产法》第 22 条第 3 款规定："指定管理人和确定管理人报酬的办法由最高人民法院规定。"

[②] 《关于审理企业破产案件确定管理人报酬的规定》第 2 条："人民法院应根据债务人最终清偿的财产价值总额，在以下比例限制范围内分段确定管理人报酬：（一）不超过一百万元（含本数，下同）的，在 12％以下确定……高级人民法院认为有必要的，可以参照上述比例在 30％的浮动范围内制定符合当地实际情况的管理人报酬比例限制范围。"

分析，能最大限度激发破产管理人在破产案件中的作用需要其报酬等于或者大于在破产案件中的劳动付出，从而形成动态平衡。但是现阶段相较于民商和刑事案件而言，破产管理人员尤其是律师并不当然可从破产案件中获得等价报酬，甚至在大量无产可破的案件中可能无法得到报酬。梳理各地府院联动配套制度，不难发现对破产管理人的报酬保障呈地区差异，部分地区甚至未出台相应的配套制度，长此以往，则很难借由他们的专业技能推动破产法的市场化实施，为了激发破产管理人进入新兴法律市场的积极性，需要政府作为第三方介入，以保障破产管理人的履职权益。

四、重整企业税负压力大

破产重整措施在执行过程中会涉及多种税种，如增值税、契税、房产税、土地使用税、印花税、土地增值税、企业所得税等，具有强制性的税收让本就岌岌可危的企业在重整中承担了极大的税负压力，降低破产清偿率的同时不利于企业的重整。在企业重整过程中，政府作为社会整体利益维护者及重整企业的税收债权人，常常处于自我纠结之中，一方面希望征收到重整企业正常运营期间统一标准的税款；另一方面又希望重整企业能够最大化债权人利益，并能够合理安置企业职工，最终涅槃重生，不出现威胁社会稳定的情形。[①] 政府在税收征管上的这种自我冲突

---

① 叶世清、梁伟亮：《企业破产重整中优化税收政策的进路探究》，见《破产法论坛（第十七辑）》，法律出版社，2020年版，第103页。

也直接影响着重整程序的推进。目前我国税收优惠政策主要以个案批复、通知等形式的部门规范性文件为主，税务部门虽然已经意识到给予特定企业相应的税收优惠确有必要，在部分地区也针对较大的企业破产重整案件制定了税务优惠，但是现行税收优惠仍有较大问题。[①]

（一）税收征管程序与破产程序衔接不畅

当前我国税收法律法规及规范性文件的适用对象主要是正常经营状态下的企业，难以适用于进入破产重整程序的破产企业。实践中重整企业大多在税务上存在逾期申报等违法违规行为，此时税务机关可根据《税务登记管理办法》的规定将其认定为非正常户，一旦被认定为非正常户，该企业首先就无法正常开具发票处置资产。[②] 以房产交易为例，若破产企业因非正常户身份而不能开具增值税发票，那么买受人也就无法抵扣进项税额、列支成本费用，长此以往，这种加大房产交易难度的行为必将严重影响破产企业资产处置的质效。其次影响法定代表人的变更，被认定为非正常户的企业被禁止变更法定代表人。[③]

[①]　乔博娟：《企业破产重整税收优惠政策研析》，载于《税务研究》，2014年第3期。

[②]　《税务登记管理办法》第38条："已办理税务登记的纳税人未按照规定的期限申报纳税，在税务机关责令其限期改正后，逾期不改正的，税务机关应当派员实地检查，查无下落并且无法强制其履行纳税义务的，由检查人员制作非正常户认定书，存入纳税人档案，税务机关暂停其税务登记证件、发票领购簿和发票的使用。"

[③]　浙江省温州市中级人民法院联合课题组：《论破产涉税若干问题的解决路径——基于温州法院的实践展开》，载于《法律适用》，2018年第15期。

虽是为了督促其履行义务，防范其逃避税务监管，但对破产重整程序的推进而言却是阻碍。企业进入重整程序相当于进入"休眠期"，此时还具有一定的营运价值，与无法挽救的非正常户存在较大的差异，鉴于此时罚款无法达到预期的惩戒教育目的，为了推动破产重整程序的进程，此时被认定为非正常户的企业应予以恢复。从长远看，破产企业重整成功后具有长期纳税的能力，对其制定特殊的征管措施能提高破产管理人、税务机关和人民法院三者之间在破产工作衔接上的流畅度。

（二）重整企业的债务减免难度大

鉴于我国破产法起步较晚，税收优惠立法也相对滞后的现状，企业破产重整程序往往受此约束，难以推进。尽管财政部、国家税务总局也发布了一些临时性的减免政策，但大多出现在单项批文中，从形式上看其效力级别过低，虽能解一时的燃眉之急，但不如其他发达国家那样将其作为一项基本制度予以适用更具普遍性和长远性。税收债务减免的实质是作为税收债权人的国家在重整程序中为了避免债权的根本性流失而做出的适当退步，债务减免可以提高破产重整的成功率，维系税收的根基，"竭泽而渔不如放水养鱼"，企业重整成功从长远来看能带来长期的税源，稳定社会经济秩序，间接减少财政支出。尽管我国破产法中设置了破产重整计划草案方式表决程序，但在现实中，由于基层税务机关并无税收减免权限，其在表决重整计划时无权作出同意减免的决定，只能拒绝重整计划草案。我国税收法律制度对破产重整程序所涉税务优惠规定的空白使得原有的法律规范在实际破产重整审判工作中也难以如愿适用。

五、重整企业信用修复存在障碍

我国的社会信用体系已基本实现政府、市场、社会和司法多领域覆盖，"一处失信，处处受限"的失信惩戒模式初步形成。给予失信企业惩戒确实具有较强的威慑力和积极意义，但也容易导致失信企业进入重整程序后的生产经营陷入僵局。[①] 进入破产重整程序的企业通常资产不足，且不具备清偿到期债务的能力，其信用记录应该也不尽如人意。如果说破产重整是赋予濒临死亡的企业第二条生命，那么破产企业的信用修复成功与否直接决定企业后续是否能享用第二条生命。重整程序中的信用修复包括信用信息和信用行为修复，前者是指法院、市场监督管理、税务、人民银行等多部门通过设立有别于正常经营状态的企业的条件和程序共同对破产重整企业的负面信用记录进行恢复和变更，尽可能消除因重整前的信用问题对后续经营活动带来的种种限制[②]；后者则指通过司法途径进行重整后，制订出符合各利益相关者的重整计划，通过债权人会议表决，在法院批准后按照重整计划实施并按期偿还重

---

① 闫海、王天依：《论重整企业信用修复的特征、机制与方式》，载于《征信》，2021 年第 1 期。

② 徐昭、姜弘毅：《破产重整企业信用修复的实践与思考》，载于《征信》，2018 年第 6 期。

整前所负的沉重债务。

（一）重整企业信用修复的法律制度不完善

目前，由于适用于重整企业的信用修复法律制度严重缺位，实践中所涉及的信用修复问题极难得到有效推进并解决。针对破产企业重整的信用修复目前仅深圳能够做到以立法为手段专门规定，将其列为 2021 年度立法计划之一，明确了信用修复的范围，首次在立法中明确除行政处罚类信用修复外的破产企业重整信用修复的相关事项。[①]目前破产重整企业信用修复是大趋势，尽管多地出台了信用修复文件，但涉及企业重整的少之又少。

由于重整时保留了原破产重整企业的主体资格，加之信用修复制度规范不完善，即使少数省市出台了有关规章制度，也因立法层次较低，大部分政府部门对重整企业的信用修复仍持审慎态度，故在实践中信用修复障碍较多。而不能及时修复企业在相关部门的信用信息，直接导致重整企业的重整计划难以施行。以温州中诚建设集团破产重整案件为例，在社会信用系统修复上，尽管中诚建设集团重整成功，但是因受到原中诚公司经营过程中失信行为影响，无法在全国范围内正常进行招投标。在银行征信系统修复上，国内金融机构将征信系统的企业信息视为是否与企业开展金融活动的条件之一，因为有担保的银行债权人

---

① 顾敏康：《信用修复对破产重整企业的意义》，载于《中国市场监管报》，2021 年 6 月 19 日。

在破产重整程序中的债权清偿率普遍较低，认为法院在破产重整程序中未做到公平公正，偏向于重整企业，从而在重整计划表决通过或批准执行后的信贷信用信息修复上敷衍塞责。一旦企业有不良的征信记录，金融机构就惯以一票否决的方式拒绝与其开展金融业务，即使企业再生也并不意味着其原有的账户可以正常使用，进入该账户的资金可能仍会被自动扣划偿还欠款，从而导致正常经营活动中资金流转不畅，难以进一步发展壮大，这在直接影响企业破产重整程序推进的同时，也损害了全体债权人的整体利益。

（二）法院和银行部分权限限制影响企业信用信息修复

依据最高人民法院《关于公布失信被执行人名单信息的若干规定》[①]，管理人可以参照《企业破产法》第 19 条"执行中止"的规定进行处理[②]，与执行法院沟通，请求删除"失信被执行人"信息。但是在实际执行中，法院受理重整案件后，通常可以将其从法院执行黑名单中去除，但是在省外法院的黑名单剔除上却难以及时推进，即便在受理法院向省外所涉及法院多次发函沟通的情况下，对方

---

① 《最高人民法院关于公布失信被执行人名单信息的若干规定》（法释〔2017〕7号）第 10 条："具有下列情形之一的，人民法院应当在三个工作日内删除失信信息：……（五）因审判监督或破产程序，人民法院依法裁定对失信被执行人中止执行的。"

② 《企业破产法》第 19 条："人民法院受理破产申请后，有关债务人财产的保全措施应当解除，执行程序应当中止。"

法院也可能不予理会或再三拖延。① 当重整企业资产因破产案件受理前的债务被查封冻结时，异地法院如若不及时配合受理法院工作对其进行解封，那么就意味着该部分资产不能进行变价和进一步分配。

重整企业所涉及的银行以地方银行为主，其没有统一通过重整计划的权限，每次都需向总行上报。另外，根据《贷款通则》② 以及《关于商业银行借款合同项下债权转让有关问题的批复》③ 的相关规定，各家银行在重整企业信用修复问题上多以观望者的身份参与。④ 重整成功后的企业即使银行账户会被解封，也并不意味着其原有的账户可以正常使用，这对本就陷入资金危机的重整企业而言更是雪上加霜。

（三）信用信息系统分散

尽管目前银行可接入市场监管、法院和金融信用信息基础数据库等九个系统，对破产重整企业的信用水平大体能够作出科学的认知，但是由于银行、法院和市场监督管理局都花费重金建立或完善各自的管理服务系统如公共信用信息平台、市场监督管理局的企业信用信息公示平台、

---

① 刘秋英：《论破产重整企业的信用修复》，载于《广西质量监督导报》，2020 年第 8 期。

② 《贷款通则》第 37 条第 3 款："未经国务院批准，贷款人不得豁免贷款。"

③ 《关于商业银行借款合同项下债权转让有关问题的批复》："由贷款而形成的债权及其他权利只能在具有贷款业务资格的金融机构之间转让。未经许可，商业银行不得将其债权转让给非金融企业。"

④ 南单蝉：《破产重整企业信用修复研究》，载于《上海金融》，2016 年第 4 期。

发展改革委的企业信用信息共享平台等，较为分散的信用系统导致各部门的企业信用信息难以集中整合，这无异于让重整企业的信用修复在操作上雪上加霜。

（四）第三方信用评级存在滞后性和虚高性

随着《征信业管理条例》的实施，社会第三方信用管理机构在市场中的角色愈加重要，其以公共信息为基础，通过整合和分析的方式对企业作出横向信用评价。[①] 现阶段第三方信用管理机构可以出具信用报告，帮助客户对企业的信用风险作出合理评估。但是我国信用评级费用由企业承担，机构为了争夺更多的市场份额，会给予企业虚高的信用评级结果。除虚高之外，该结果还存在滞后性和波动性，导致金融机构、社会大众和政府使用其报告的意愿不高。如某第三方信用评级机构在广西有色申请破产重整前半年给予其投资级（BBB－）的评级结果，这一结果说明广西有色的第一还款来源足以覆盖债务的本息。而另一家机构在广西有色重整前几年一直给予其 AA 的评级，直到发布兑付不确定性公告前四天才紧急下调为 AA－，再四天后又紧急下调为 BB。此种跨度之大的情况直接影响信用评级机构在破产重整程序中提供信用评级的公正性，大众很难认同和接受。

---

① 林平：《征信市场发展：国际趋势、我国的差距与对策》，载于《南方金融》，2016 年第 10 期。

第五节　企业破产府院联动机制的完善路径

一、建立制度化、常态化的联动机制

目前大部分地区的府院联动机制具有过渡性、临时性和不确定性，对个案而言能解燃眉之急，但是不符合市场化、法治化的破产发展目标。因此，在府院联动机制的实施过程中需充分总结实践经验，在此基础上自上而下逐步做到常态化、法律化，形成政府和法院处理破产事务的良性循环，妥善化解社会矛盾，及时处置突发事件，积极协调各方利益诉求。

（一）组建常设性的企业破产处置工作领导小组

破产案件审理工作是多方协调、整体推进的系统性工程。鉴于破产法律制度的不完善以及各地市场化程度的差异，现阶段在构建制度化、常态化的府院联动机制时，首先需在党委领导下设立一个联系行政机关和司法机关的常设组织，来协调、组织破产案件涉及的信用修复、税收优惠的落实、破产企业变更、注销登记等政策问题。组建一个常设性的企业破产处置工作领导小组，可以强化政府在企业破产程序中的辅助作用，积极履行公共管理和服务职责。在领导小组人员构成上可以由法院作为召集人，政府和政法委固定分管负责人形成双组长制，金融监督管理、国土、住建、财税、市场监督管理、人社等部门固定负责人为成员，由省编办批准设立常设性的领导小组，加强各部门与法院的互联互通、信息共享、合力处置的协调配合。

（二）完善府院联动机制的实施细则

府院联动机制是在司法实践中逐步探索产生的，目前与之相关的规定主要集中在司法文件和地方法规、规章，缺乏强有力的法律支撑和具体的实施细则。① 以破产重整涉税为例，因为破产审判和税收征管分属不同的部门法，在实践中也缺乏具体、统一的实施细则，这直接导致破产法官、破产管理人以及税务工作人员难以达成共识而影响重整案件的正常推进，故在构建制度化、常态化的联动机制时还需要完善府院联动机制的实施细则。除了通过府院文件对府院联动机制的总体框架和原则进行规定，在工作机制上还需确立实行例会制度、议题提交制度。前者原则上每半年召开一次全体会议，就相关工作情况、问题及工作计划进行通报、研究。各成员单位如遇特殊情况也可提议临时召开全体或部分成员单位会议。后者为法院在审理破产案件中，在遇到需要联动解决的破产衍生问题时，向领导小组组长报送议题，再由领导小组组长将属于联动协调范畴的问题向相关成员单位推送，成员单位协助处理，

---

① 黎雯悦：《府院联动机制在破产重整程序中的适用及转型》，见张善斌：《营商环境背景下破产制度的完善》，武汉大学出版社，2020年版，第40页。

成员单位不能解决的，领导小组召开会议研究处理，会议研究决定的事项应形成会议纪要。此外，对于政策支持、各部门单位的具体联动职责和突出问题也需要以政府文件的形式加以确定；针对破产实践中的重要突出问题，如破产重整所涉及的税费优惠、信用修复等，在与相关部门充分沟通协调后形成的配套处置机制，必须完善具体的实施细则，做到有章可循、有据可查；最后根据破产案件的实际受理情况，以季度或年度的方式编写典型案例，实现联动机制的规范化、整体化运行。

二、规范府院联动机制中政府与法院的职权联动

法院司法权与政府行政权在企业破产程序中的关系大致有以下三类：一是行政权前置于司法权，如上市公司的有关破产事项需政府相关部门的前置审批程序；二是行政权配合司法权，如常提及的财税部门对重整企业采取的减、免和缓税政策；三是行政权从程序上参与法院破产程序，如政府有关人员组成清算组。① 笔者认为，不论是前置于法院司法权还是配合法院司法权参与破产案件，行政权始终应尊重法院司法权在破产审判程序中的主导作用，协调辅助法院司法权完成破产事项，做到不缺位也不越位。在破产程序中当与法院司法权所涉事项发生交叉时，行政权不应对属于司法判断的程序和事实作出实质性的判

---

① 王欣新、李江鸿：《破产法制中司法权与行政权关系探析》，载于《政治与法律》，2008 年第 9 期。

断，下达行政命令；在破产程序之外，行政权应在破产程序前中后期围绕破产程序发挥辅助作用，同时法院司法权也应做到"不溢"运行，不无端扩大司法权的涵盖范围。

（一）合理划分政府与法院的职权

1. 破产案件中政府行政权的介入范围

企业破产的市场化改革并不等同于完全忽视或弱化政府在破产案件中的职能作用，相反合理规划政府行政权介入破产程序的程度，控制行政权介入破产程序的范围，完全可以实现发挥政府行政权推动破产程序的进程。结合各地的府院联动机制文件与实践，行政机关介入破产审判的领域及程度大致可分为三类。[①] 首先是企业破产程序中涉及的行政问题，需要政府及各职能部门协调，针对此类行政管理事务政府行政权可完全介入，具体包括协调破产重整企业的税收优惠、房屋土地问题、维稳等。其次是需要政府和法院协同合作的事项中政府行政权介入部分的事项，如资产变现问题、引进投资人等，在尊重法院司法权对案件的审理公平公正下主动配合其推动程序的整体进程。最后一类为只能走司法途径的事项。此类事项政府行政权应做到完全不介入，具体包括审查破产申请、制定破产管理人制度、召集债权人会议、依法裁定终结破产程序等司法类程序等。

[①]　由绪斌、刘源：《市场化背景下行政权介入破产审判问题研究》，见《破产法论坛（第十七辑）》，法律出版社，2020 年版，第 337 页。

2. 破产案件中法院司法权的介入范围

法院在破产案件中力求保持中立性时应恪守司法权和行政权的分离，回归到破产案件的审查裁决权和破产衍生争议的裁判权。前者在破产案件中，首先指法官需在破产程序启动后审查破产申请，裁定是否受理破产申请。其次，法官主要完成程序性问题的审查，具体为审查并裁定债权表，审查并裁定破产宣告，裁定各类债权人会议决议，审查财产分配方案、和解协议或计划，并对内容的合法合理性和表决程序的合法性进行审查，决定是否裁定认可或批准。此外，法官还需行使《企业破产法》赋予的强制批准等特别程序审查权，如破产法官对表决未通过的破产财产分配方案是否行使强制审批权。最后还包括依法审查并裁定终结破产程序。对于后者的破产衍生争议的裁判权则主要包括两点。第一是破产程序出发的异议救济性权利，如申请人在不予受理破产申请时的上诉权、重整计划批准的异议权等。第二是因债务人作为当事人而衍生的诉讼案件。这类诉讼案件与破产案件不存在直接关联的争议事项，但诉讼结果对债务人或破产程序有一定影响，如基于行使法定权利——破产撤销权、破产抵销权和破产取回权的纠纷，请求确认债务人行为无效纠纷，基于无因管理、不当得利、合同、劳动争议发生的纠纷以及管理人执行职务致人人身或财产损害纠纷等。

法院在发现需要政府相关行政部门适当介入方可处理的衍生问题并发起联动时，政府则需要积极协助法院处理因破产衍生的社会问题，扮演好辅助者的角色，共同推动破产案件的进程。依循宪法学上"功能适当"原则实施权力配置，根据法院和政府的职能特性分配破产事务，让法律的归法院处理，行政事务归政府解决，两者统筹并进，以法院为主导，实现"1＋1＞2"，创造运行良好且结构稳定的破产治理体系。

（二）逐步设立专门的破产管理机构

美国破产法改革之前，法官承担着大量的行政管理事务，这与我国法官作为中立裁判者负责管理破产管理人的情况有相似之处。1987 年破产法进行修改后，美国监督破产管理工作的部门从司法机关逐步转变为行政机关，原来的以法院或法官为中心逐步转变为以联邦破产托管署及其在各地设立的分署为中心。美国《破产改革法》规定了联邦托管人负责对破产管理人的日常工作进行监管，并在特定条件下享有临时指定破产管理人的权力，再交予法院任命。[①] 相较于前两种模式，这种模式在兼顾效率和专业性的同时，还能保障法院的中立裁判，保证破产管理人选任的专业性、公平性和效率，同时避免了可能出现的寻租问题。

我国香港特别行政区针对破产涉及政府行政管理的事项，在香港财政司下设立了破产管理署参与破产案件，以更好地处理破产相关事务。香港特别行政区行政长官委任

---

① 尹正友、张兴祥：《中美破产法律制度比较》，法律出版社，2009 年版，第 89 页。

破产管理署署长，该署由财务部、行政部、个案处理部、法律事务部 1 和法律事务部 2 共五个部门组成，超过 200 名工作人员，包括破产管理人员、会计、政务主任等。[①] 逐步设立专门的破产管理机构与政府公共服务和管理职能相适应，大大提高了众多部门协调的效率。[②] 中国政法大学李曙光教授指出："我国破产法实施效果不理想的主因，是缺乏一个配套的政府主管机构。我国香港地区破产管理署是一个成功的例子。"[③] 针对现阶段我国破产法起步晚、地区发展不均衡的现状，相较于德国建立的较为完善的破产法律制度，借鉴我国香港地区、英国、美国经验，逐步建立专门负责破产行政管理的机构，将破产事务管理权和破产审判权进行一定程度的分离更符合我国国情。

首先，根据各地的实际发展情况建立健全府院联动机制，先行先试的地区，如重庆市、北京市、上海市等重在健全机制，常态化运行，逐步用制度、法律来约束参与主体，推动联席会议等工作方式向制度和法律的方向发展。对于刚起步的地区如四川省彭州市则应着手建立府院联动机制。

其次，在浙江省、广东省等地由地方政府主导在省、自治区、直辖市范围内开展试点成立破产管理办公室，如

① 国家经贸委企业司考察团：《澳大利亚、香港政府管理企业破产事务及启示》，载于《中国经贸导刊》，2012 年第 11 期。

② 黄贤华：《关于我国设立破产管理机构的思考——以 IAIR 成员破产管理机构为参照》，载于《中南民族大学学报（人文社会科学版）》，2017 年第 5 期。

③ 李曙光：《设立国家破产管理局的具体建议》，中国清算网，http://www.yunqingsuan.com/news/detail/10481。

先在深圳设立专门的破产管理机构，待条件成熟再全面
铺开。

　　最后，在司法部成立国家破产管理局，从上而下设立
分支机构，履行职责，为各地区的破产审判工作提供行政
保障（如图4－2所示）。该机构的具体职责主要包括以下
三点。一是对破产管理人的监管。主要包括对破产管理人
名册的制定及更新，如草拟破产管理人名册增补方案并报
送人民法院审批、发布名册的增补方案并组织相应的考试
等。还有就是制定并公布破产管理人晋级、降级、除名或
暂停执业的方案、名单；选定个案破产管理人，更换管理
人和监督管理人之间工作的交接；综合考量破产管理人执
业业绩、工作能力、专业水平、规模和办案经验等，组织
年度破产管理人的考核并进行评分；培训监督破产管理人
以及审查破产管理报酬等工作。二是解决破产衍生问题。
具体包括协调有关行政职能部门解决破产衍生的职工安置
工作、破产企业注销登记；经人民法院通知后协调有关行
政职能部门解决个案维稳；协调征信部门对重整企业完成
信用修复，对破产企业有关责任人启动信用惩戒措施；协
调有关行政职能部门制定破产企业税收优惠政策或具体减
免措施，切实做好企业破产衍生所涉及的行政事项，助力
破产程序的推进。三是跟踪破产法实施状态。首先是负责
监督破产程序，调查破产程序中存在的各种不当行为，如
破产欺诈等，提请人民法院依法追究不履行法定义务的债
务人有关人员民事、行政和刑事责任，保障破产程序的公
平公正。其次是优化破产法实施的环境，如组织破产法实

施的宣讲活动，助力社会树立"市场化破产"理念，以及
提供破产的相关咨询服务，一方面建立破产案件数据库，
分析破产企业退市或经营情况，并及时公布可公开数据；
另一方面收集破产管理人的信息并建档，对内便于监管考
评，对外提供选择信息。

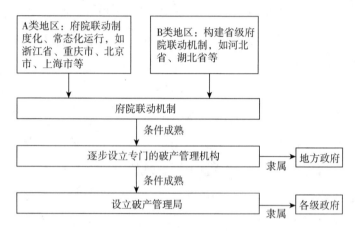

图4-2　逐步成立专门的破产管理机构

三、推动和保障破产管理人高效履职

企业破产过程中府院联动的主要流程是"发现具体问
题、研究问题、解决问题"，故其也属于一种问题导向的
解决机制。法院受理破产申请后，被指定的破产管理人接
管企业，需查清破产人的财产状况，查清陷入破产的原
因，起草司法重整计划等。破产管理人在破产过程中的工
作核心是通过破产平台对企业旧有的生产要素或者市场要
素重新进行整合，如果能够吸纳新的生产要素，还将进行
新旧生产要素的重新整合，让企业或者市场主体获得新

生。管理人是问题的首要发现者，其在执行上述职务中针对已出现的问题提出解决方案，由法院召集启动府院联席会议，进而协同推进破产程序。① 总体而言，破产管理人在破产程序中是法院、行政机关、债权人和债务人之间联系沟通的重要桥梁，并非单纯仅定位为法院的辅助者或依附者，不论是政府还是法院都应转变过去的理念，积极支持管理人工作，保障管理人的报酬，提高管理人的工作积极性，从而推动破产程序的进程。

（一）加强相关部门及金融机构的协作配合

只有法院、政府、破产管理人三方无缝对接、合力协作，破产案件才能被快速处置、有序分配，故在保障三者协作上应完善府院联动机制，支持并保障管理人履职。

首先，要从制度上充分保障法律赋予管理人的地位，税务局、不动产登记中心、市场监督管理局等政府职能部门和金融机构在破产管理人持法院受理破产案件的《民事裁定书》、指定管理人的《决定书》和管理人执业证依法处理对债务人财产的保管、调查、清理、估价、审计、追收、债权审核、财产分配等事务时应予以配合。

其次，政府职能部门应建立破产信息共享机制，加强机构间的信息沟通，推动破产数据共享、业务协同，提高信息的透明度，便利破产管理人依法高效履职。随着大数

---

① 虞伟庆：《管理人视角中的府院联动机制研究——以绍兴地区为样本的考察》，载于《法制与经济》，2019 年第 4 期。

据、云计算、物联网、区块链、5G、人工智能等技术的蓬勃发展，政府在金融、社保等领域具有不可比拟的信息优势。[①] 政府有能力搭建破产信息共享平台，强化信息共享和沟通，为管理人处理破产事务的信息化、公开化提供便利。

最后，管理人和政府、法院良好的沟通离不开府院联动机制相关制度的落实和对府院联动机制运行的监督，在落实责任分配的同时设立科学合理的监督机制和惩戒措施，保障政府相关部门和金融机构的配合协作。

（二）保障破产管理人经费

1. 加强破产管理人援助基金的顶层设计

"府院联动"是我国破产处置工作中最重要的实践经验之一，破产程序中破产资产优化重组、协调土地税收、妥善处理各方利益、维护社会稳定等多项工作离不开政府相关部门的协调，破产管理人援助基金若一直单靠法院主导也显然力有不逮、难以为继。另外，我国幅员辽阔，东、西、南、北经济社会发展不平衡状况依然存在，如果仅由地方政府与法院自行推动该项工作，很可能在一段不短的时间里只是停留于"星星之火"，难以很快"燎原全国"。故应尽快加强该项工作的顶层设计，由最高人民法院联合司法局、财政部等部门，综合各地实际情况出台关

于破产管理人援助基金的规定，对基金的设置目的、工作原则、基金来源、适用范围、提取比例、补偿金额、管理监督等多项工作进行设计，从而推动该项工作合理、可行、有效地在全国范围内铺开。

2. 多渠道构建管理人报酬保障机制

破产管理人援助基金的资金来源一是破产管理人。针对破产费用不足支付的问题，世界各国较为普遍的做法是从管理人报酬中提取一定比例的资金，我国各地法院在探索实践中也均采取该做法，如广东省广州市、深圳市，浙江省湖州市、衢州市，江苏省南京市等。相比其他资金来源，从管理人报酬中提取资金可谓源头活水，源源不断，取之于管理人最终用之于管理人。二是来自财政拨款。如果单靠从破产管理人报酬中提取资金，可能来源较为单一，且大都是从较高报酬的管理人中提取，难以满足现实的需要，基金在设立之初需要启动资金，而某地区在一定时期内可能会遇到报酬较多的案件偏少、无产可破的案件偏多的情况，这都需要政府财政拨款予以支援。三是来自社会捐赠。社会上所设立的大多数基金都会接受捐赠，管理人援助基金也不应拒绝该种资金来源，可依据国务院《基金管理条例》《资金使用管理办法》接受社会各界的捐赠，保证基金的可持续性。[①] 四是来自破产案件。如破产署会将盈利较少的破产案件指派官方管理人办理，避免出

---

① 程顺增、鲁晓波：《从"盆景"到"风景"：破产管理人援助基金制度的中国生态》，见《破产法论坛（第十七辑）》，法律出版社，2020年版，第402页。

现无人办理的尴尬局面，此时政府会从所有破产人的不动产变价款中提取 17％的费用用于破产所需的不动产基金，作为管理无产可破案件的必要支出。[①] 我国也可以参照该种做法拓宽破产管理人的报酬保障渠道。

3. 健全破产管理人基金收支、运作监管体系

现有的较通行的破产援助基金模式是由管理人提交申请材料，由法院等部门进行审批，待审批通过后发放至管理人账户。[②] 管理人基金通常设置专门的账户由财政或法院进行管理，首先因其流动性仅限于银行存款，不得用于他途投资营利，对基金收支情况进行严格详细的登记，并附上收支资金所必需的各项原始凭证。其次，逐步形成多主体监督模式，法院作为管理人工作的监督主体，不应忽视对援助基金使用情况的监督工作；还要保障相关政府部门、参加基金会的社会中介机构、破产案件债务人及债权人、投入资金的相关主体等的知情权，并接受质询。最后，要完善破产管理人基金遭遇危害情形的救济制度，对侵权主体视情况通过行政处罚、民事诉讼、承担刑事责任等多阶式手段进行追究。

---

① 上海法宣：《IAIR 成员破产监管机构概览及对我国的启示》，中国法院网，https://www. chinacourt. org/article/detail/2017/11/id/3086697. shtml。

② 何炯珉、荣文华、刘鸿翔：《浅谈建立破产援助基金涉及及畅想》，见《破产法论坛（第十七辑）》，法律出版社，2020 年版。

四、健全重整企业税收优惠制度

（一）实现税法和破产法理念的有效衔接

《企业破产法》和《税收征收管理法》在立法理念的立足点上存在差异，导致破产重整中的税收优惠在破产法与税法间未能实现有效的衔接，部分法律规范之间甚至存在明显冲突。[①] 这直接影响管理人在破产重整过程中与税务机关就纳税问题的沟通与协调，既使得破产重整计划难以顺利开展，也让税务机关无法达到及时征收税款的目的。因此，在破产重整程序中必须协调破产法与税法之间的冲突，弥合两者的空白，针对两者的冲突提出妥善的解决思路。在为实现税法保证财政收入的目的之外，还应当考虑进入破产重整程序后的企业未来具有长期纳税能力等特殊性，根据企业的具体情况给予不同的税收优惠，助力其重生再续经营。

（二）采用备案制的减免税政策

根据《税收减免管理办法（试行）》的规定，目前的税收减免政策主要分为报批类减免税和备案类减免税。前者是指需由税务机关审批后才能执行的减免税项目，后者是指只需要向税务机关登记备案的减免税项目。目前在破

---

① 张学军、闫龙会：《试论破产重整中税收减免制度及其优化路径》，见《破产法论坛（第十七辑）》，法律出版社，2020 年版，第 125 页。

产重整中主要采用的是报批类的减免税的税收优惠，而现行的税收征管法并未赋予税务机关主动援引税收减免政策的职权，导致税务机关只能等纳税人主动报批减免税项目，而且各级税务机关受权限影响审批内容也有限。这样一来，不仅严重降低了税务机关的主观能动性，延长了减免税的申请、审批时间，不利于重整程序的顺利开展，甚至会导致错过企业最佳的重整时机，令原本有重整意向的投资人望而却步。如果能够将报批制改为备案制，一方面，各级税务机关对破产重整企业的优惠事项仅需就其形式、程序进行审查，而无须对其进行实质性审查，从而提高各级税务机关的工作效率；另一方面，备案制下的税收优惠能够使管理人缩短与各级税务机关沟通协调的时间，加快推动重整程序的进行。

（三）推动税收优惠政策法律化的进程

目前很多税收优惠政策都来源于财政部或国家税务总局的批复、通知等，并没有形成一套具有针对性的独立于税收征管法之外的税收优惠体系。严格来讲，有关税收优惠的规定应限定在法律法规的框架内，以法律、行政法规和部门规章作出相应的规定。因此有必要将税收债务减免加以完善，通过立法程序上升为税收优惠法律，尽快将相关税收法律及实施条例、细则的修改提上议程，通过立法程序将其上升为税收优惠法律，做到有法可依，有理可循。[1] 一旦将税收优惠提升到立法层面，给予破产重整企业的税收优惠可帮助其恢复正常生产经营，实现资源的优化配置，也能扫清破产重整过程中的不少阻碍。

五、打破重整企业信用修复的壁垒

（一）健全信用管理法律体系

缺乏完整的信用管理法律体系是我国当前破产企业信用修复的最大难题。现阶段在上位法缺位的情况下，虽然在地方先行先试为今后国家信用管理立法作出了有益的探索，如上海、重庆、吉林等地都出台了省级的社会信用相关地方性法规，《民法典》《广告法》等多部法律和行政法规也涉及信用相关条款，但仍旧缺乏可以指导我国建设社会信用体系的基本法等核心要素。完整的信用管理法律体系首先应明确监管主体及其职责履行和监督的方式、其他主体的权利义务及救济程序等基本内容，能为步入重整审判程序的困境企业搭建信用修复的骨架，结合我国现阶段的法律体系，最大限度地减少甚至规避可能存在的法律冲突，同时坚持以社会主义法治精神为核心，加快构建和完善信用管理配套法律机制，为重整企业信用修复提供血肉筋脉，在充分发挥司法重整制度价值的同时实现企业信用

---

[1]　朱华军、钱丹琳、严佳敏：《破产重整中税收优惠政策的研析与应用》，见《破产法论坛（第十七辑）》，法律出版社，2020年版，第138页。

修复法律体系的构建目标，尤其是为重整企业这一特殊主体量身定制一套法律制度，细化原则性、指导性条文，通过联合相关部门作出合理解释的途径尽快明确现有规范中模糊多义的规定的具体内容，规范执法主体的自由裁量权，通过细化明晰法律法规，提高破产重整企业政府职能履行效率、减少法律适用问题以及节约困境企业的重整成本。法院负责将营运价值高、符合条件的重整企业移出司法失信惩戒名单，并牵头组织重整企业与政府、银行的对接工作；政府则先制定好重整企业信用修复规范，对重整成功的企业也要发挥行政执法的主动性，对其进行动态监督，防止企业再违法和利用信用修复逃债；银行需准予信用修复，发放贷款，第三方信用管理机构提供培训和信用报告，提供有效的证明材料，最终在府院联动的基础上形成多元主体有效参与的局面。

（二）建立全新信用记录系统

在对重整企业的资产、债权和债务进行处理后，司法程序帮助企业重生后对原资产负债、股权架构和经营管理等重要内容都进行了革新，重整后的公司与原公司除了享用同一副躯壳，企业内部早已今非昔比，发生了质变。[①] 尽管破产重整后的新企业符合被赋予新主体资格的条件，但实践中往往仍以原失信主体资格进行后续的经营活动，

---

① 周光、范丰盛：《破产重整企业信用修复问题初探》，见《破产法论坛（第十七辑）》，法律出版社，2020年版，第451页。

这也是企业重整后难以恢复生产的重要原因。故笔者认为我国的信用管理部门不能仅以重整企业原失信主体资格对重整成功后的企业继续作出信用评价，此举是对法院、政府相关部门和投资人在重整程序中所做努力的不重视。以中诚建设集团破产重整案为例，因为受不良信用记录的影响，该集团即使在重整成功后也无法在全国范围内正常招标。故在人民法院裁定批准的重整计划执行完毕的情况下，可允许建立全新的重整企业信用记录系统，赋予其新的信用身份。若市场监管部门可以给予破产重整企业特殊的新主体身份，建立全新的企业信用记录，那么银行等金融机构的征信系统中相应地也可以视其为新企业重新作出新的信贷记录和信用报告，保障重整企业后续经营活动的正常开展。

（三）增强国家企业信用信息公示系统的互联功能

在众多政府部门中，最适合承担企业信用信息互联职责的唯有市场监督管理部门。市场监督管理部门作为企业"生老病死"的监管者，可以负责企业的登记注册和注销，故在企业的信用管理上具有不可比拟的先天优势，可以其信用数据为基础，结合人民银行、发展改革委等部门的企业信用信息，逐步建设包含金融信贷信息和第三方信用评级信息等的统一征信互联管理平台，最大限度地节约重整企业信用信息修复的成本。此外，所有信用管理部门之间需要保持常态性的数据互通、信息共享，消除"信息孤岛"，为社会提供完整的企业信用信息，全面实现公共信用信息互联共享，形成部门协同、社会联动的信用监督奖惩机制，在减轻信用修复阻力的同时为企业大数据共享研判搭建操作平台。借助系统优势，能够定期对企业在经营活动中欠薪、税、息和诉讼中的情况进行检测和预警分析，对可能发生的风险事件或出现的突发情况，及时向企业破产处置府院联动机制领导小组或办公室报送相关信息，通过帮扶或督促申请破产尽可能减少对经济社会和利益相关者造成的损失。

（四）发展完善第三方信用管理和评价

如"企查查""企信宝""天眼查"等第三方信用管理机构目前已具备一定的信用信息综合管理功能，但由于第三方信用管理机构普遍存在滞后性和虚高性，故社会对其接受和认可程度偏低。相较于政府部门提供的信用管理平台，第三方信用管理机构更能根据市场的个别需求灵活提供相关企业的信用信息，但是这一优势也需以政府与第三方信用管理机构的信息共享为基础方可体现。社会第三方信用管理机构应保持与政府征信管理部门之间企业信用信息的互通畅享，根据公众需求提供针对性的差异化信用服务，通过总结企业信用数据中信用评价的市场化不足完善第三方信用管理机构的信用评价制度，最终实现第三方信用管理机构的信用评价能够成为企业市场经营活动中不可或缺的评价之一，从而构建一个市场化的征信管理和评价体系。另外，在有效的监管之下，第三方信用管理机构在与金融机构协同沟通后可协助客户对信用报告中的不实信息进行处理，为破产企业的债务重组业务提供咨询意见等，帮助破产企业早日走出困境。

府院联动是在党委领导下，人民法院与政府各职能部门在破产案件中统一协调的机制，法院主导破产工作，政府协调处理社会管理公共服务。目前我国并无统一的破产审判"府院联动"运行机制，更多的是各地政府根据当地实际情况，通过建立不同层级的法院与当地政府进行互动运行的机制，以解决破产案件中所遇到的具体问题。通过对府院联动机制在地方实践适用中的不足进行研究，可以提供可复制、推广的经验，使之逐步制度化、法律化，为破产案件的顺利推进扫清障碍，促进破产审判工作的市场化、法治化，创造良好的司法环境，助力优化社会资源配置和法治营商环境，维护社会和谐稳定。

第五章 破产案件中的税收法律问题

第一节 《企业破产法》与《税收征收管理法》的关系

一、《企业破产法》的实施现状

(一)企业破产案件的数量变化与趋势

党的十八大以来,供给侧结构性改革的号召力越来越强,对市场主体的挽救和退出制度逐步成熟,消除落后产能成为市场经济的重要组成部分,破产案件的总量随之快速增加。2016 年全国人民法院受理的破产案件接近 6000 件,同比增长了 50%;而 2017 年基本达到了 10000 件,增长了 70%。人们对破产的态度也发生了极大的改观,破产既能让困境企业彻底失去生的希望,也可以帮助困境企业绝地反弹,完成升级和转换。

随着越来越多的企业对破产法的接受及运用破产制度能力的提高,债务人自身主动申请破产的数量逐渐增多,加上各级政府和法院的统筹协调，破产工作机制不断完善，我国的破产司法能力在世行营商环境评价中的表现优于在我国营商环境中的总体表现。除此之外，全国的破产法庭、从事破产审判的法官以及管理机构、个人管理人也在逐步增加。各级政府、人民法院和市场主体观念的转变以及破产文化良性氛围的形成，使陷入困境的企业能够通过破产程序实现重生，相信这将会成为现阶段市场经济的常态。

（二）企业破产涉税问题的产生

《企业破产法》的宗旨与《税收征收管理法》的立法追求存在冲突。现行税法以正常经营的企业为对象，所以无论在实体上还是程序上，对陷入困境企业的关注都不够，企业破产涉税问题就此产生。有学者提出，企业破产中的涉税问题是法院办理破产案件受阻的重要原因。而企业破产中的税收问题也对税收征管提出了挑战，稍有不慎，就会产生被追究执法过错责任的风险。

企业破产的过程中，每一个环节都离不开税务机关和税务问题。所以说税务机关参与破产程序是必须的，没有税收政策支持的《企业破产法》是难以积极实施的。因此，无论是《企业破产法》还是《税收征收管理法》，理论界和实务界都有必要认真对待破产案件中的税收法律问题。

二、《企业破产法》与《税收征收管理法》的冲突

正常情况下，每一个部门法都在各自的领域用各自的

方法解决各自的问题，而企业破产作为一种非正常状态，平时相对稳定的各种法律关系在此状况下相遇，各自主张各自的利益诉求，问题自然会接踵而来，致使企业破产程序成为各种利益冲突和矛盾爆发的领域。由于《税收征收管理法》本身的专业性和复杂性以及与《企业破产法》的冲突，税务问题就成为破产审判领域的普遍性难题。我国《企业破产法》和《税收征收管理法》之间的冲突主要包括但不限于以下几个方面。

（一）税收债权优先性冲突问题

1. 欠税滞纳金的优先性

关于滞纳金的归属问题，学界和实践中的看法不尽相同，最主要的原因还是《企业破产法》与《税收征收管理法》的冲突、矛盾。在实践中，大多数的税务机关都把滞纳金看作税收债权，使其能够享受清偿的优先性，主要是因为《国家税务总局关于税收优先权包括滞纳金问题的批复》以及《税收征收管理法》第45条的规定，税收优先权实施时除了涵盖所欠税款，还应该有该税款所产生的滞纳金。但是最高人民法院的司法解释指出，破产企业的滞纳金只能归为普通债权，不应当当作税收债权而享有优先性。一个是税务部门的批复，一个是最高人民法院的司法解释，不同的主体在面对相关问题时，当然会选择有利于自身的方案。实践中司法机关通常会以最高人民法院的批复为依据判决重整案件中的滞纳金不属于税收债权而不享受优先性，而税务机关通常会以国家税务总局的批复为实施指南，使破产企业只能通过司法程序才能让滞纳金不存在优先性，此种做法将会对破产企业产生消极作用。对于二者的冲突，国家税务总局发布了《关于税收征管若干事项的公告》，明确破产企业所欠的滞纳金按照普通债权进行申报，解决了欠税滞纳金优先性的问题。

2. 税款债权与担保债权的优先性

我国《税收征收管理法》第45条规定，如果破产企业欠缴的税款发生在以其财产设定抵押、质押或者被留置之前的，那么税款债权应当优先于抵押权、质权、留置权执行。该规定是通过税款债权和担保债权发生的时间顺序来判断其优先性的。而我国《企业破产法》第109条规定，享有担保权的债权人，对该特定财产享有优先受偿权；第113条规定，优先清偿破产费用和共益债务后，依照职工的劳动费用、社会保险费用和所欠税款、普通破产债权的顺序清偿。《企业破产法》第109条实质上把担保债权视作一种"别除权"，具有对抗税款债权的效力。

综上，《税收征收管理法》是按照税款债权和担保债权发生的时间先后确定二者的优先顺位，未规定企业破产程序中可以例外。而在《企业破产法》中担保债权相当于一种"别除权"，针对特定财产享有无条件的优先权。针对以上冲突，国家税务总局在《关于税收征管若干事项的公告》[①]中确定了税收债权与担保债权发生冲突时，税务机关应按照《企业破产法》相关规定申报。

---

① 2020年3月1日起施行。

（二）破产程序中税收强制执行权的行使

我国《企业破产法》第 19 条明确规定，人民法院受理破产申请后，债务人财产的保全措施应当解除，执行程序也应当中止。但我国《税收征收管理法》第 40 条规定，纳税人未在规定的时间缴纳税款的，由税务机关责令限期缴纳，超过期限还是未缴纳的，经县以上税务局（分局）局长批准，税务机关可以采取强制执行措施。其中，并未将破产企业排除在外。

（三）税务机关的破产程序权利问题

1. 税务机关的破产申请权

我国《企业破产法》第 7 条规定了破产申请的主体，但并未明确申请破产债权人的资格范围，税务机关作为公权力机关是否能够作为债权人提出申请，《税收征收管理法》也没有明确规定。

2. 税务机关的债权申报义务

我国《企业破产法》第 48 条规定，债权人应当在人民法院确定的债权申报期限内向管理人申报债权。而《税收征收管理法》第 25 条则体现了强制纳税人申报规则。除此之外，《税收征收管理法实施细则》第 50 条还规定，纳税人有破产情形的，在清算前应当向其主管税务机关报告；税款没有结清的，由其主管税务机关参加清算。这里的"参加"是否包括申报债权、"税款"是否包括罚款和滞纳金，均是不明确的。国家税务总局《关于税收征管若干事项的公告》通过书面文件正式明确了税务机关应在人民法院公告的债权申报期限内向管理人申报税收债权。

（四）破产企业的税收优惠政策

目前《税收征收管理法》的税收优惠主要立足正常经营状态下的企业，破产企业的税收优惠缺乏针对性。虽然在司法实践中，各方主体对破产企业税收优惠政策的呼声较大，但根据税收法定原则的要求，各地税务机关无权在没有法律法规的规定下擅自作出减免决定。而现行《税收征收管理法》关于破产企业的税收优惠政策零散，不具有针对性，主体范围有限且效力级别过低，极不利于破产程序尤其是破产重整程序的推进。

三、《企业破产法》与《税收征收管理法》的法律适用

（一）法律适用优先的原则确认

《中华人民共和国立法法》规定，法律适用优先的原则包括"根本法优于普通法""新法优于旧法""上位法优于下位法""特别法优于一般法"。《企业破产法》与《税收征收管理法》在法律适用优先顺位问题上多是新法与旧

法以及特别法与一般法。①

对于新法与旧法，要从具体适用的法律来认定，而不是从整部法律的适用来认定。假如是一部全新出台的法律，毫无疑问其都应该纳入新法的范围，但如果是对其进行修改后重新颁布，那么只有修改后的内容且不同的部分才能算是新法。所以，不能以修订后的时间来认定整部法律都属于新法。

（二）《企业破产法》与《税收征收管理法》的法律适用规则

《企业破产法》和《税收征收管理法》究竟何为"新法"、何为"旧法"？有人认为从最后一次修订的时间看，《税收征收管理法》属于新法。但是，这种以修订时间来认定整部法律是新法的理解是错误的。《企业破产法》与《税收征收管理法》都属于全国人大常委会制定的法律。《中华人民共和国立法法》第 92 条规定也明确了判断法律的新旧要落实到具体因素，而不能以修订的整部法律的颁布时间为对照因素。可以看出《企业破产法》与《税收征收管理法》在法律适用规则上，新与旧并不突出。

目前理论界与实务界对《企业破产法》与《税收征收管理法》何为"特别法"、何为"一般法"存在争议。《企业破产法》与《税收征收管理法》在各自的主导领域都属

---

① 王欣新：《税收破产债权确认中破产法与税法的适用选择》，载于《人民法院报》，2021 年 6 月 17 日，第 7 版。

于特别法，实践中对应适用何种法律认识也不一。有的法院主张适用《税收征收管理法》，有的法院适用《企业破产法》，有的法院则要求当事人适用《税收征收管理法》。在大多数主体的认识中，《税收征收管理法》属于一般法，多以正常经营的企业为主体；《企业破产法》是特别法，面向的是陷入困境的企业。在税收债权清偿顺位的问题上，《企业破产法》与《税收征收管理法》都有与之相关的内容，但就破产企业来说，《税收征收管理法》并没有特殊内容。[①] 在税收债权与担保物权谁先优先受偿的问题上，税收债权属于具有概括性的优先权，而担保债权是针对特定担保物的优先权，所以，《企业破产法》应当属于《税收征收管理法》的特别法。以不同的主体为参照会产生不同的结果[②]，如果只是在理论上讨论何为特别法，应当优先适用，意义不大，所以必须联系实际问题来探讨。

（三）《企业破产法》是确认税收债权应适用的特别法

一般认为，《企业破产法》属于传统意义上的私法范畴，税法则属于传统意义上的公法范畴。[③] 且《企业破产法》与《税收征收管理法》的制定目的也有所不同。《企

[①]　王雄飞、李杰：《破产程序中税收优先权与担保物权的冲突和解决》，载于《法律适用》，2018年第9期。

[②]　徐战成：《企业破产中的税收法律问题研究——以课税特区理论为指导》，法律出版社，2018年版，第85～86页。

[③]　参见徐阳光：《破产程序中的税法问题研究》，载于《中国法学》，2018年第2期。

业破产法》第 58 条规定:"依照本法第五十七条规定编制的债权表,应当提交第一次债权人会议核查。债务人、债权人对债权表记载的债权无异议的,由人民法院裁定确认。债务人、债权人对债权表记载的债权有异议的,可以向受理破产申请的人民法院提起诉讼。"除此之外,《最高人民法院关于适用〈中华人民共和国企业破产法〉若干问题的规定(三)》第 8 条也对破产债权确认诉讼问题作了规定:"债务人对债权表记载的债权有异议向人民法院提起诉讼的,应将被异议债权人列为被告。债权人对债权表记载的他人债权有异议的,应将被异议债权人列为被告;债权人对债权表记载的本人债权有异议的,应将债务人列为被告。对同一笔债权存在多个异议人,其他异议人申请参加诉讼的,应当列为共同原告。"所以,在破产程序中,对各种债权的确认应按照《企业破产法》的规定进行适用。

在正常企业涉及的税款缴纳中,清偿税收债权是单对单的个别问题。而在破产企业涉及的税款缴纳中,债务人因其资不抵债,没办法清偿所有债权人的债权,会使多数债权在债务人的有限财产上出现交叉。例如部分债权人清偿的数额偏多,其他债权人的清偿数额就一定会变少,债权人之间就会产生利益冲突,如无法律规制,毫无疑问就会出现各个债权人争抢清偿与不公平的现象。所以,《企业破产法》明确规定,破产债权的清偿,必须通过集体清偿程序完成,以便破产清偿能够有序、公平地进行。

《税收征收管理法》第 88 条第 1 款规定中明确提到,当纳税人与税务机关在纳税问题上发生争议时,应当先缴纳相应的滞纳金或者提供担保，然后再依法申请行政复议，如果对行政复议的结果有异议，可以向人民法院进行起诉。但是此种程序仅对不属于破产程序的债务人适用，对破产程序中债权集体化后的税收债权争议的解决无法适用。

综上，《税收征收管理法》对纳税人之外的其他人具有提起行政复议和行政诉讼的主体资格不予承认。而《企业破产法》中规定债务人和其他债权人均有权利就债权确认问题提起诉讼。所以，《税收征收管理法》不具有解决破产程序中税收债权争议问题的要求。在破产程序中，《企业破产法》是应当适用的特别法，法院对债权确认的诉讼程序应当适用《企业破产法》的规定。

第二节　破产案件中的税收优先权问题

一、我国税收优先权的具体内容

国家征收税款的目的是提供公共产品和公共服务，满足社会公众的需要，具有公益属性。税收优先权具体是指税收债权与其他债权都需要被清偿时，税收债权可以比其他债权优先受偿。[①] 我国税收优先权最早规定在破产法

---

① 刘剑文、熊伟：《税法基础理论》，北京大学出版社，2004年版，第298页。

中。除此之外，部分税收可以作为破产费用从破产财产中优先支付。

我国目前关于税收的立法和《企业破产法》对税收债权都采取了一般优先权模式。我国税法中原本没有税收优先权制度，直到 2001 年，《税收征收管理法》经历了一次重大修订，税收优先权制度才被正式引入，成为保障国家税款安全的措施之一。《税收征收管理法》第 45 条规定，税款优先于没有担保的债权。《企业破产法》也在第 113 条规定了税款先于普通债权受偿。

学理上存在肯定税收优先性与否定税收优先性两种观点。肯定税收优先性的理由本章前文已有说明，而否定税收优先性的理由主要在于企业破产作为公平清偿债务程序，普通债权人的地位相比更加弱势，国家不应与民争利。这两种观点不存在对错之分，只是不同角度的价值取向的不同。关于税收债权的保护力度，国外破产法律制度中也存在以美国和日本为代表的优先债权模式、以德国为代表的普通债权模式以及以巴西为代表的劣后债权模式。目前，税收优先权正在呈弱化趋势。①

二、企业破产过程中各种税款的优先权问题

（一）税款优先权

根据《税收征收管理法》第 45 条、《企业破产法》第

---

① 参见熊伟、王宗涛：《中国税收优先权制度的存废之辩》，载于《法学评论》，2013 年第 2 期。

109 条和第 113 条，可以看出两部法律对税的优先权规定并不一致，《税收征收管理法》将税的优先权放置在迟于税款发生的抵押权、质权、留置权之前，而《企业破产法》将税款的优先权只放在普通破产债权之前，这种相互冲突的规定造成了许多争议。实践中，有的法院依据《税收征收管理法》第 45 条认为税务机关对企业欠缴税款所享受的税收优先权早于税款发生的抵押权、质权和留置权。而有的法院则根据《企业破产法》第 109 条和第 113 条认为破产企业欠缴的税款处于清偿顺序的第二阶层，无论抵押权、质权、留置权发生的时间早于还是晚于税款发生的时间，税务机关对破产企业欠缴的税款所享有的税收优先权都不能优先于抵押权、质权、留置权。

《税收征收管理法》和《企业破产法》内容上的矛盾是实践中争议出现的原因，可以运用法律基本适用规则来明确二者如何适用的问题。

上一章已提及，根据《中华人民共和国立法法》第 92 条的规定："同一机关制定的法律，特别规定与一般规定不一致的，适用特别规定。"《税收征收管理法》与《企业破产法》都由全国人大常委会制定，其位阶相同，所以，当两部法律的条款有所冲突时，要通过分析两部法律对应条款的调整范围来确定何为一般规定，何为特别规定，进而确定该适用哪种法律。《税收征收管理法》第 2 条规定："凡依法由税务机关征收的各种税收的征收管理，均适用本法。"由此条可以看出，《税收征收管理法》面向的是全体纳税人的税收征管事项。所以，《税收征收管理法》第 45 条中对税收债权和担保债权的清偿顺序作出的规定，应当包括正常经营企业和破产企业。而从《企业破产法》第 2 条①可以看出，《企业破产法》调整的是陷入困境的企业进行清理或重整，所以《企业破产法》第 109 条和第 113 条的调整范围仅限于企业破产情况下税收债权与担保债权的清偿顺序矛盾。由此可知针对《税收征收管理法》和《企业破产法》之间的冲突，《税收征收管理法》第 45 条属于一般规定，《企业破产法》第 109 条和第 113 条属于特别规定。当二者的规定不一致时，应适用《企业破产法》。

但是，如果在担保债权与税收债权出现冲突的情况下一律认定担保债权优先，可能会带来明显的避税漏洞。有学者提出，在现行法律体系下承认担保债权优先于税收债权，应当符合担保债权人不存在主观恶意的前提条件。②鉴于我国《企业破产法》存在过分保护担保债权人利益的缺陷，容易让担保债权人凭借担保物而无视企业的经营状况，从而造成对其他债权人利益的损害。③而对税收债权来说，有学者担心："假如债务人已经欠税的问题被担保物权人知道，且知晓所欠税款享有优先权，依然选择接受

---

① "企业法人不能清偿到期债务，并且资产不足以清偿全部债务或者明显缺乏清偿能力的，依照本法规定清理债务。企业法人有前款规定情形，或者有明显丧失清偿能力可能的，可以依照本法规定进行重整。"

② 徐战成：《企业破产中的税收法律问题研究——以课税特区理论为指导》，法律出版社，2018 年版，第 86~87 页。

③ 许德风：《论担保物权的经济意义及我国破产法的缺失》，载于《清华法学》，2007 年第 3 期。

特定财产担保，与债务人进行交易业务，那么在破产企业清偿债务过程中，次担保物权是否应该优先于税收，这是一个需要思考的问题。"① 除此之外，债务人和个别债权人还可能通过恶意串通，为没有财产担保的债务提供担保，从而达到逃避缴纳税款的目的。虽然《企业破产法》规定人民法院受理破产申请前的一年内，债务人为没有财产担保的债务提供财产担保的，管理人可以请求人民法院将此撤销，但该撤销权存在以下问题：首先，仅限于人民法院受理破产申请前的一年内的提供担保行为，不能适用超过一年的情形；其次，只有管理人能够请求人民法院予以撤销，税务机关无权申请。

　　总之，在现行法律体系下，不能一味主张《税收征收管理法》优先，打乱《企业破产法》的清偿顺序；也不能一味主张《企业破产法》优先，带来明显的避税漏洞。为了化解这一难题，最根本的还是立法解决，使之保持一致。但是在法律未修改之前，税务机关在日常的征收管理中，要按时督促企业纳税，通过行政处罚和行政强制在企业进入破产程序之前收回税款；定期发布纳税人欠税公告，对抵押权人和质权人有关纳税人欠税情况的说明申请进行准确真实的回复，避免在破产程序中产生不必要的纠纷。而作为破产企业的抵押权人和质权人，在设立抵押和质押之前，要关注税务机关发布的欠税公告，并申请税务

---

　　① 熊伟：《作为特殊破产债权的欠税请求权》，载于《法学评论》，2007年第5期。

机关提供相关情况，明确抵押人和质押人在抵押和质押之前没有欠缴税款，这样一来，无论是在现有法律框架内，还是在未来法律修改后，破产企业的抵押权人和质权人都能以自己尽到了注意义务、是善意相对人为由最大限度地维护自己的权利。

（二）税款滞纳金优先权

我国《税收征收管理法》第 45 条第 2 款规定，纳税人未缴纳税款，行政机关又对其进行罚款和没收违法所得的，税收优先于罚款和没收违法所得。该规定中的"税收"仅指税款还是包括滞纳金？根据税法的体系解释，且一句话中同时出现了"税款"和"税收"两个概念，此时的"税收"应当同时包括税款和滞纳金，且税款、滞纳金均优先于罚没收入清偿。但是，该规定并没有明确欠缴税款和滞纳金二者之间的优先性。国家税务总局《关于税收优先权包括滞纳金问题的批复》（国税函〔2008〕1084号）指出①，《税收征收管理法》第 45 条规定的税收优先权执行时包括税款及其滞纳金。该文件虽然形式上只是一份个案批复，但是鉴于当时国家税务总局尚未制定《税收规范性文件制定管理办法》，税收规范性文件制定程序和

---

① "按照《中华人民共和国税收征收管理法》的立法精神，税款滞纳金与罚款两者在征收和缴纳时顺序不同，税款滞纳金在征缴时视同税款管理，税收强制执行、出境清税、税款追征以及复议前置条件等相关条款都明确规定滞纳金随税款同时缴纳。税收优先权等情形也适用这一法律精神，《税收征管法》第 45 条规定的税收优先权执行时包括税款及其滞纳金。"

发文形式还不规范，该批复实际上发挥了税收规范性文件的作用。但是，最高人民法院《关于税务机关就破产企业欠缴税款产生的滞纳金提起的债权确认之诉应否受理问题的批复》（法释〔2012〕9号）指出①，破产企业在破产案件受理前因欠缴税款产生的滞纳金属于普通债权，其排除了国家税务总局《关于税收优先权包括滞纳金问题的批复》在企业破产程序中的适用。2020年3月1日开始施行的国家税务总局《关于税收征管若干事项的公告》规定："企业所欠税款、滞纳金、因特别纳税调整产生的利息，税务机关按照企业破产法相关规定进行申报，其中，企业所欠的滞纳金、因特别纳税调整产生的利息按照普通破产债权申报。"以上三个规范性文件都现行有效，却存在着冲突规定，司法实践中也因此出现了许多争议。

根据法律基本适用规则，国家税务总局《关于税收优先权包括滞纳金问题的批复》和国家税务总局《关于税收征管若干事项的公告》都属于部门规范性文件，不能直接作为裁判依据。② 但是根据"新法优于旧法"，关于二者对"欠缴税款所产生的滞纳金的优先性"的冲突，应当以国家税务总局《关于税收征管若干事项的公告》为准。除

---

① "依照企业破产法、税收征收管理法的有关规定，破产企业在破产案件受理前因欠缴税款产生的滞纳金属于普通破产债权。对于破产案件受理后因欠缴税款产生的滞纳金，人民法院应当依照最高人民法院《关于审理企业破产案件若干问题的规定》第六十一条规定处理。"

② 参见李刚、郑晶晶：《有关税收优先权的司法案例实证分析——兼评〈税收征管法修订草案〉（征求意见稿）相关条文》，载于《税务研究》，2020年第7期。

此之外，国家税务总局《关于税收征管若干事项的公告》与最高人民法院《关于税务机关就破产企业欠缴税款产生的滞纳金提起的债权确认之诉应否受理问题的批复》在这一问题上的意思相同，反映了税务机关内部对该问题的态度。

所以，对于上述冲突，将最高人民法院《关于税务机关就破产企业欠缴税款产生的滞纳金提起的债权确认之诉应否受理问题的批复》作为裁判依据较为合理。

2020 年 3 月 1 日开始施行的国家税务总局《关于税收征管若干事项的公告》对欠缴税款滞纳金优先权问题作了规定，那么法院在这一问题上的观点就应当一致。作为税务机关与破产企业的债权人也应当积极维护自己的最大合法权益。税务机关在日常的征收管理中，除了按时督促企业缴纳税款，如果企业有滞纳金尚未缴纳，还应该督促企业尽快缴纳，通过行政处罚或者行政强制在企业破产之前收回税款滞纳金。

（三）新生税款的优先权

1. 新生税款的种类

我国《税收征收管理法》和《企业破产法》都没有规定豁免企业进入破产程序后的纳税义务，而且，在企业破产程序的实施过程中可能还会产生不同种类的税，其中包括增值税、消费税、个人所得税、企业所得税、房产税、契税、印花税以及土地增值税。

2. 新生税款的定性

在企业破产程序中，对于历史欠税，税务机关应当按照关于债权人的规定申报税收债权；对于新生税款，依然应该由破产企业申报纳税。但是我国的《企业破产法》并没有对新生税款的定性予以明确安排。

从解释论的视角来看，新生税款首先排除了破产债权[①]的性质。其次根据《企业破产法》第41条对破产费用的规定[②]以及第42条对共益债务的规定[③]，将企业破产程序中的新生税款界定为破产费用和共益债务是有活动空间的，并且在实践中，企业破产过程中新产生的税款很多是在管理、变价和分配债务人财产的时候出现的，一些法院也将之认定为"破产费用"；同时破产管理人继续履行合同或继续经营，也会在其破产过程中产生新的税款。[④]这些新生税款都是破产程序实施过程中所需耗费的，符合破产费用和共益债务的规定。

---

① 根据《企业破产法》第44条，破产债权的主要特征之一就是因破产程序启动前发生的原因而成立，即破产债权的判断以破产申请裁定受理时点是否存在为准。

② "人民法院受理破产申请后发生的下列费用，为破产费用：（一）破产案件的诉讼费用；（二）管理、变价和分配债务人财产的费用；（三）管理人执行职务的费用、报酬和聘用工作人员的费用。"

③ "人民法院受理破产申请后发生的下列债务，为共益债务：（一）因管理人或者债务人请求对方当事人履行双方均未履行完毕的合同所产生的债务；（二）债务人财产受无因管理所产生的债务；（三）因债务人不当得利所产生的债务；（四）为债务人继续营业而应支付的劳动报酬和社会保险费用以及由此产生的其他债务；（五）管理人或者相关人员执行职务致人损害所产生的债务；（六）债务人财产致人损害所产生的债务。"

④ 参见李柯奇：《典型税务司法审判案件对修订〈税收征管法〉的启示》，载于《税务研究》，2020年第7期。

但是，将新生税款认定为破产费用或者共益债务并不完全成立。有学者认为："既然法院受理破产申请之后，管理、变价和分配债务财产的费用属于破产费用，由此而产生的税收也就是破产费用。既然债务人继续履行合同或者继续经营所产生的债务或者费用属于共益费用，那么，由此而产生的税收也就是共益费用。"[①] 这种论证忽视了破产费用和共益债务的"对价性""有偿性""双务性"。税收由国家无偿收取，收取方并未因此付出具体的代价。而且，这种界定和清偿顺序还会使普通债权的清偿状况雪上加霜。

在相关法律修改完善之前，当事方应最大限度地维护自己的合法权益。税务机关在企业进入破产程序后要继续督促其履行法律规定的纳税义务，关注破产企业的各项交易和经营活动，及时要求其缴纳税款，督促其将新产生的税款根据产生原因的不同分别放入破产费用和共益债务中随时清偿，以保障国家的税收利益；同时税务机关也要积极呼吁相应法律条文进行修改和明确，使税务机关的行为更加于法有据。破产企业的债权人在企业进入破产程序后，要通过债权人会议表达自己对债务人财产进行管理、变价和分配，以及继续履行破产企业未履行完毕的合同或继续经营等行为的意见，合理地进行税收筹划，尽量减少破产过程中产生的新的税款。

---

① 熊伟：《作为特殊破产债权的欠税请求权》，载于《法学评论》，2007 年第 5 期。

第三节　破产程序中的税收优惠政策

一、破产清算程序中的税收优惠政策

（一）税收优惠政策与税收法定原则的冲突

税收法定原则与量能课税原则、稽征经济原则并列为税法三大基本原则。[①] 其中，税收法定原则是"帝王原则"[②]，指由立法者决定全部税收问题的税法基本原则，如果没有相应的法律作为前提，政府则不能征税，公民也没有纳税的义务，其具体内容包括税种法定、税收要素法定、程序法定三个部分。有学者认为，税收法定主义的法理基础在于税收的课征必然会介入人民的基本权利，所以课征应经人民的同意，而人民的同意在民主宪政体制下是以法律的形式表现的。[③] 这是因为立法机关是由人民代表组成的代议制机构，最能体现人民的意愿，立法过程最能确保规范、公开、透明。

税收优惠涉及减税行为。有学者指出，减税行为尽管

---

① 参见黄茂荣：《法学方法与现代税法》，北京大学出版社，2011 年版，第 128~129 页。

② 参见刘剑文等：《财税法总论》，北京大学出版社，2016 年版，第 191~192 页。

③ 参见黄茂荣：《法学方法与现代税法》，北京大学出版社，2011 年版，第 129 页。

对纳税人的财产有益处，但是依然违背了税收法定原则。从税法的性质来说，税收法定原则也表明了税法的强制性，只要满足课税条件，征税机关就不能自行减免税和不征税，否则将会带来税收执法的不公正，有损税负公平的原则；从财产权保障的角度来看，税收法定除了保障公民财产权，更需要维护税法秩序的安定性，减税没有法律规定的依据将对税法的可预期性和纳税人的经济财产自由出现侵犯。[①] 所以，在破产案件的实践过程中，税务机关对人民法院和破产管理人希望给予税收减免主张的主要问题在于现存税法是否对税收优惠政策作了规定。

我国《税收征收管理法》第28条规定，税务机关征收税款必须按照法律和行政法规的规定，不得擅自开征、停征、多征、少征、提前征收、延缓征收或者摊派税款。该规定是税收法定原则在税法上的体现。此条规定将"法"放宽到行政法规的层面，但是，税收法定原则的"法"应限定为狭义的法律，限定为立法机关的法。这也是当前法律环境下税收法定之路难以逾越的阶段。

综上所述，税收优惠政策的制定权限限定于法律、行政法规的范畴，以及财政部和国家税务总局经国务院批准后作出的具体规定。其他各个地方对此问题的处理也只能在中央规定的框架下变通，绝对不能在没有授权的情况下自行指定企业破产相关的税收优惠政策。

---

① 参见徐阳光：《民主与专业的平衡：税收法定原则的中国进路》，载于《中国人民大学学报》，2016 年第 3 期。

（二）破产清算税收优惠政策的一般规定

本章所介绍的关于破产清算的税收优惠政策，除了在法律和行政法规层面或者授权各省在企业破产清算中对债务人能够适用的税收优惠政策，还包括虽然没有债务人可以适用的税收优惠政策，但是存在特殊处理规定或者所涉其他主体可以享受的税收优惠政策。

1. 房产税

我国《房产税暂行条例》第6条规定，除本条例第5条规定的情形外，纳税人纳税确有困难的，可由省、自治区、直辖市人民政府确定，定期减征或者免征房产税。但是《房产税暂行条例》并没有对"确有困难"的概念和内涵进行界定，而是授权给了省级人民政府确定。

企业破产根据其属性当然属于"确有困难"。但是，一些个别地方的税务机关对此却不予认可。例如，重庆市地方税务局《关于调整房产税、城镇土地使用税有关政策的通知》（渝地税发〔2006〕104号）规定，企业破产期间，对其拥有的房产，无论是否闲置，均应照章征收房产税。不过，对于破产企业明确给予房产税减免的省市也不少。

（1）青岛市

山东省青岛市地方税务局《关于城镇土地使用税和房产税困难减免税有关事项的公告》（青岛市地方税务局公告2014年第5号）规定，企业资产不能全部清偿到期债务并且已依法进入破产程序，其土地、房产闲置不用的，由纳税人提出城镇土地使用税和房产减免税申请。

（2）广东省

广东省地方税务局《关于房产税困难减免税有关事项的公告》（广东省地方税务局公告 2017 年第 6 号）规定，纳税依照法律规定进入破产程序，其纳税确有困难的，可视情况给其减免税。

（3）吉林省

吉林省地方税务局《关于印发〈吉林省房产税、城镇土地使用税减免管理办法〉的通知》（吉地税发〔2009〕63 号）规定，对于企业破产后未作它用的房产和土地，税收确有困难的，可向税务机关提出减免税申请。

（4）陕西省

陕西省地方税务局《关于发布〈减免税管理办法〉的公告》（陕西省地方税务局公告 2013 年第 1 号）规定，各级地税机关在受理纳税人城镇土地使用税、房产税困难减免税申请时，属于企业破产情形的，可将此情况进行上报审批，视情况进行减免。

2. 城镇土地使用税

《城镇土地使用税暂行条例》第 7 条规定，纳税人缴纳土地使用税确有困难需要定期进行减免的，由县以上地方税务机关批准。至于何为"确有困难"，其概念和内涵并未有明确的界定，房产税方面授权给了省级人民政府决定，土地使用税层面则由县以上地方税务机关批准。破产企业一般资不抵债，属于"确有困难"之列，可以使用上述税收优惠政策。但随后国家税务总局《关于下放城镇土地使用税困难减免税审批权限有关事项的公告》（国家税务总局公告 2014 年第 1 号印发，国家税务总局公告 2018 年第 31 号修改）规定，由省税务机关来确定申请困难减免税的情形、办理流程、时限及其他事项的权限。

以下省市对破产程序明确提出城镇土地使用税减免政策。

（1）广东省

广东省地方税务局《关于城镇土地使用税困难减免税有关事项的公告》（广东省地方税务局公告 2017 年第 7 号）规定，纳税人依法进入破产程序，纳税确有困难的，可视情况减免税。

（2）陕西省

详见前述陕西省地方税务局《关于发布〈减免税管理办法〉的公告》。

（3）安徽省

安徽省地方税务局《关于发布〈城镇土地使用税管理指引〉实施办法的公告》（安徽省地方税务局公告 2017 年第 4 号）规定，纳税人因破产导致土地闲置不用且缴纳城镇土地使用税确有困难的，可以酌情给予减税或免税。

（4）吉林省

详见前述吉林省地方税务局《关于印发〈吉林省房产税城镇土地使用税减免管理办法〉的通知》（吉地税发〔2009〕63 号）。

（5）山东省

山东省地方税务局《关于明确城镇土地使用税困难减

免税有关事项的公告》（山东省地方税务局公告 2018 年第
6 号）规定，企业依法进入破产程序或者因改制依法进入
清算程序，土地闲置不用的，且缴纳城镇土地使用税确有
困难的，可申请困难减免。依法进入破产程序的纳税人，
应当提供人民法院出具的裁定受理文书。城镇土地使用税
困难减免由县税务机关负责核准。

（6）上海市

结合上海市财政局、上海市地方税务局《关于本市单
位纳税人城镇土地使用税困难减免有关问题的通知》（沪
财税〔2012〕16 号）和上海市地方税务局《关于本市单
位纳税人申请办理城镇土地使用税困难减免有关操作事项
的通知》（沪地税财行〔2012〕22 号）的规定，纳税人资
产不足清偿全部或者到期债务且已依法进入破产程序其土
地闲置不用的，从进入破产、清算程序的当月起免征城镇
土地使用税。

（7）青岛市

详见前述山东省青岛市地方税务局《关于城镇土地使
用税和房产税困难减免税有关事项的公告》。

3．契税

根据我国《契税暂行条例》的规定，契税的纳税人为
在中华人民共和国境内承受土地、房屋权属的单位和个
人。因此，企业破产程序中涉及的契税优惠指的是其他单
位和个人承受破产企业的土地和房屋权属可以享受的税收
优惠政策，而不是破产企业本身可以享受的税收优惠
政策。

根据财政部、国家税务总局《关于继续支持企业事业单位改制重组有关契税政策的通知》（财税〔2018〕17号）的规定，企业依法进入破产，债权人（包括破产企业职工）承受破产企业抵消清偿债务的土地、房屋权属，免征契税；对非债权人承受破产企业土地、房屋权属，凡按照有关法律法规政策妥善安置原企业全部职工，与原企业全部职工签订服务年限不少于三年的劳动用工合同的，对其承受所购企业土地、房屋权属，免征契税；与原企业超过30%的职工签订服务年限不少于三年的劳动用工合同的，减半征收契税。

4. 个人所得税

财政部、国家税务总局《关于个人与用人单位解除劳动关系取得的一次性补偿收入征免个人所得税问题的通知》（财税〔2001〕157号）第3条规定，企业依法宣告破产的，免征企业职工从该破产企业取得的一次性安置费的个人所得税。所以，破产企业作为支付企业职工工资、薪金所得的扣缴义务人，在发放一次性安置费时，不用履行个人所得税的代扣缴义务。

（二）破产清算税收优惠政策的特殊规定

为了使被撤销的金融机构退出手续顺利进行，维持金融秩序，加强金融活动的管理，帮助国有企业重组改制或重组上市以及保障四大资产管理公司的主体业务，存在相关的特殊性调整的税收优惠政策。具体内容见表5-1：

表 5—1

序号	类别	主要内容
1	国有企业重组的税收优惠	主要通过个案的方式对国有企业重组中的税收优惠进行规范，并确定其应享受税收优惠的种类和范围[具体包括中国远洋运输（集团）①、中国邮政集团②]
2	金融机构退出程序的税收优惠	对大连证券在清算期间产生的多个税种进行免除③
		金融机构在退出程序中可享受相应的税收优惠④
3	四大资产管理公司主体的税收优惠	主要针对规定的四家大型资产管理公司在收购、接受和处置不良资产过程中产生的增值税、城镇土地使用税和房产税等纳税义务给予最大限度的税收优惠政策⑤

二、破产重整程序中的税收优惠政策

对破产清算中的税收优惠政策，如果没有强调适用的范围仅限于破产清算的，那么也应包括破产重整。除此之外，破产重整"具有债务清偿与企业重组结合"⑥的特点，

---

① 《关于中国远洋运输（集团）总公司重组上市有关税收政策问题的通知》（财税〔2006〕30号）。

② 《关于与明确中国邮政集团公司邮政速递物流业务重组改制过程中有关契税和印花税政策的通知》（财税〔2010〕92号），《关于中国邮政集团公司邮政速递物流业务重组改制有关税收问题的通知》（财税〔2011〕116号）。

③ 《关于大连证券破产及财产处置过程中有关税务政策问题的通知》（财税〔2003〕88号）。

④ 《关于被撤销金融机构有关税收政策问题的通知》（财税〔2003〕141号）。

⑤ 《关于中国信达等4家金融资产管理公司税收政策问题的通知》（财税〔2001〕10号）。

⑥ 参见王欣新：《破产法》（第3版），中国人民大学出版社，2011年版，第245页。

其本质就是司法主导下的企业重组。增值税和企业所得税存在企业重组的特殊规定，可以一定程度上减轻税负，所以，也有学者将其视为税收优惠政策。[①] 有关企业重组的税收政策，如果没有例外规定，当然适用于破产重整程序。

（一）增值税

国家税务总局《关于纳税人资产重组有关增值税问题的公告》（国家税务总局公告〔2011〕年第 13 号）、《国家税务总局关于纳税人资产重组有关增值税问题的公告》（国家税务总局公告〔2013〕年第 66 号）、财政部与国家税务总局《关于全面推开营业税改征增值税试点的通知》（财税〔2016〕36 号）等文件规定了关于企业重组的税收优惠。[②]

增值税中的"资产重组"指增值税应税资产的转移行为，不涉及企业所得税上的债务重组；企业所得税中"企业重组"的相关资产转移可能构成增值税上的应税行为，从而不享受增值税的不征税政策。

以上公告所说的"一并转让"行为是指资产、负债、

---

① 参见乔博娟：《企业破产重整税收优惠政策研析》，载于《税务研究》，2014 年第 3 期。

② 纳税人在资产重组过程中，通过合并、分立、出售、置换等方式，将全部或者部分实物资产以及与其相关联的债权、负债和劳动力一并转让给其他单位和个人，不属于增值税的征税范围，其中涉及的货物转让，不征收增值税；在资产重组过程中，通过合并、分立、出售、置换等方式，将全部或者部分实物资产以及与其相关联的债权、负债和劳动力一并转让给其他单位和个人，其中涉及的不动产、土地使用权转让行为的，不征收增值税。

劳动力等要素组合转让的行为，转让价格也是综合定价的结果，不是单纯的资产价格。这种转让行为是一种"持续经营前提下的业务转让"，不在增值税应税范围，其中包括资产转让，也不被视为提供增值税的应税行为。[①] 也就是说，如果有关重整参与方只愿意收购重整企业的某项资产，不愿意一并接收该资产相关联的债权、负债和劳动力，那么该笔交易便不能享受资产重组不征增值税政策。

但在实践中，在企业和税务机关之间对于何为与转让资产一并转让的"相关联的债权、负债和劳动力"的判断可能存在分歧，这种分歧直接影响到相关交易是否可以享受不征增值税政策。笔者认为，对于该问题的判断应根据资产重组原理和一般经验法则，重点着眼于"定性"方面，无须在"定量"方面过多纠结。

根据国家税务总局《关于纳税人资产重组增值税留抵税额处理有关问题的公告》（国家税务总局公告〔2012〕第 55 号）的规定[②]，如果破产企业想适用进项税额的结转抵扣政策，必须将全部资产、负债和劳动力一并转让给其他纳税人，并办理注销登记。这就意味着在最为常见的存续式重整模式下，上述政策没有适用空间。在破产重整程序中，当债务人将部分资产、负债和劳动力一并转让给

---

① 参见雷霆：《资本交易税务疑难问题解析与实务指引》，法律出版社，2016年版，第471~472页。

② 增值税一般纳税人在资产重组过程中，将全部资产、负债和劳动力一并转让给其他增值税一般纳税人，并按程序办理注销税务登记的，其在办理注销登记前尚未抵扣的进项税额可结转至新纳税人处继续抵扣。

其他纳税人时，进项税额仍然留在债务人处继续抵扣，不能将部分进项税额"一并带走"结转给其他纳税人抵扣。在当前的征管条件下，这种做法比较务实可取。

（二）企业所得税

与破产清算相比，破产重整制度的目的是使陷入困境的企业重获新生，更能保护债权人的利益。在破产重整程序中，对于债务重组所带来的税务的处理是企业所得税领域存在的最大问题。在企业破产重整过程中，无论是被动还是主动，债权人都无法退步，都会做出一些让步，或是放弃一部分债权，或是接受非货币形式的资产清偿。在《企业破产法》中，这被称为"债权调整"；在税法和会计上，这被称为"债务重组"。根据财政部、国家税务总局《关于企业重组业务企业所得税处理若干问题的通知》（财税〔2009〕59号）的定义①，对于债务重组这个问题，税法处理与会计处理是一致的。但是，如果依照常规政策对债务重组进行征税，会不利于破产重整工作的顺利推进。

1. 债务重组一般性税务处理

按照我国《企业所得税法》及其实施条例的规定，债务的豁免、债权转股权、非货币性资产清偿等各种货币形式和非货币形式的收入，均应计入企业收入总额，计算应缴纳的企业所得税。根据财政部、国家税务总局《关于企

---

① 债务重组是指在债务人发生财务困难的情况下，债权人按照其与债务人达成的书面协议或者法院裁定书，就其债务人的债务作出让步的事项。

业重组业务企业所得税处理若干问题的通知》（财税〔2009〕59 号），企业发生债务重组，一般性税务处理方法如下：

①以非货币资产清偿债务，应当分解为转让相关非货币性资产、按非货币性资产公允价值清偿债务两项业务，确认相关资产的所得或损失；

②发生债权转股权的，应当分解为债务清偿和股权投资两项业务，确认有关债务清偿所得或损失；

③债务人应当按照支付的债务清偿额低于债务计税基础的差额，确认债务重组所得；债权人应当按照收到的债务清偿额低于债权计税基础的差额，确认债务重组损失。

2. 债务重组特殊性税务处理

财政部、国家税务总局《关于企业重组业务企业所得税处理若干问题的通知》（财税〔2009〕59 号）第 5 条规定，企业重组同时符合条件①的，适用特殊性税务处理规定。

同时该文件第 6 条规定，企业重组符合本通知第 5 条规定条件的，交易各方对其交易中的股权支付部分可以按

---

① 具有合理的商业目的，且不以减少、免除或者推迟缴纳税款为主要目的；被收购、合并或分立部分的资产或股权比例符合本通知规定的比例；企业重组后的连续 12 个月内不改变重组资产原来的实质性经营活动；重组交易对价中涉及股权支付金额符合本通知规定比例；企业重组中取得股权支付的原主要股东，在重组后连续 12 个月内，不得转让所取得的股权。

规定①进行特殊性税务处理。

结合上述两条规定，如何理解债务重组适用特殊性税务处理的条件呢？显然，债务重组不涉及资产收购和股权收购，也不涉及重组资产；债务重组中纯粹的债务豁免方式不涉及股权支付，也不涉及原主要股东的股权转让。根据债务重组不同方式的性质，可以将特殊性税务处理适用条件和处理方式总结如下：

第一，以货币或者非货币资产清偿债务发生全部或部分债务豁免的情况下，只要企业债务重组确认的应纳税所得额占该企业当年应纳税所得额 50％以上，就可以在 5个纳税年度的期间内，均匀计入各年度的应纳税所得额。这是一种分期纳税的特殊处理方法。

第二，债权转股权的情况下，采用的是递延确认的特殊处理方法，即债权人和债务人均暂不确认所得和损失，但细究起来会非常复杂。比如，在债权人本身就是重整企业原股东的情况下如何确认重组所得和损失？如何确认投资成本？后续转让股权时，应视为优先转让原股权还是债转股的股权？这些问题目前均没有文件明确规定。② 在债权人不是重整企业原股东的情况下，是否适用特殊性税务

---

① 企业债务重组确认的应纳税所得额占该企业当年应纳税所得额 50％以上，可以在 5 个纳税年度的期间内，均匀计入各年度的应纳税所得额；企业发生债权转股权业务，对债务清偿和股权投资两项业务暂不确认有关债务清偿所得或损失，股权投资的计税基础以原债权的计税基础确定。企业的其他相关所得税事项保持不变。

② 学者观点及美国做法参见雷霆：《资本交易税务疑难问题解析与实务指引》，法律出版社，2016 年版，第 404～407 页。

处理，对于债权人和债务人而言是存在利益冲突的。例如重整企业用增发 100 万元股份的方式，抵偿某债权人 120 万元的债务。如果适用一般性税务处理，债权人当期即可确认 2 万元的损失，在计算企业所得税时税前扣除；如果适用特殊性税务处理，重整企业暂不确认所得，同时债权人也不能在当期确认损失，只能在后续转让股权时，按照 120 万元的投资成本计算股权转让所得，这等于让债权人付出了时间成本。

（三）重整企业债务豁免所得确认的解决思路

债务豁免企业所得税处理是每一个重整案件都面临的问题。按照我国目前企业所得税法关于债务豁免所得的确认规则，在其他债权人放弃全部或者部分权的情况下，国家还要从其中再次征缴相应的豁免所得税，显然违背了挽救重整企业的精神。尽管从性质上看，企业所得税也有"链条税"的特征，交易双方的一方扣除对应另一方的收入，债权人一方确认损失税前扣除，债务人一方应确认所计算纳税，然而，企业重整毕竟不同于正常经营，国家暂时做出一些退让，是有必要且可行的。这是因为，从整体上看，这种暂时的让步对国家整体税收收入的影响比较小；从长远来看，企业重整成功之后对税源的贡献更大。

如前所述，我国现行《企业所得税法》对于债务豁免所得的处理，一般情况下是立即确认，特殊情况下是递延确认（暂不确认），或者立即确认但分期缴纳。即便是适用分期缴纳的特殊处理，使重整企业可以暂时减轻负担，但终归是要全额缴纳企业所得税，这对重整相关方来说是不够的。在破产重整中涉及债务豁免金额较大的情况下，"即使分 5 年缴纳也将是一个噩梦，也可能让重整方对破产企业望而却步"[①]。所以，有必要对破产重整下的债务重组规则进行完善。在此问题上，可以考虑借鉴美国法上的成熟经验。

在美国法上，重整企业在资不抵债限额内的债务豁免所得，采用的是不予计列[②]处理，但是为了防止避税漏洞，同时规定了对有关税务事项的纳税属性减记规则。其立法的本意是让与债务豁免所得有关的所得税予以递延，而非彻底予以免除。作为将债务豁免所得不计入纯所得的代价，债务人必须减记它们的纳税属性，以实现对债务豁免所得递延纳税的税收政策目标。纳税属性减记的一般次序为：净运营损失额、一般性经营抵免额、最低税收抵免额、净投资损失额、计税基础减记、消极活动损失以及抵免结转额、境外税收抵免结转额。同时，立法授予债务人一项特别选择权，可以选择先减记折旧资产的计税基础，剩余的债务豁免所得额再按照上述次序依次作减记处理。[③]

---

① 金礼才：《企业破产重整中的税收问题探讨》，载于《财经界（学术版）》，2016 年第 19 期。

② 相当于永不确认。

③ 参见巴特：《美国债务豁免税务所得税规则及其启示》，见《中国破产法论坛·破产法市场化实施的配套法律制度专题研讨会论文集》（上册），2018 年，第 428~432 页。

第六章 个人破产制度的实践难题与路径

第一节 个人破产制度概述

个人破产制度充分尊重了"诚实而不幸"的债务人的基本权利和价值。就我国而言，在理论层面，随着破产法的历次修改，讨论是否应当构建个人破产制度的话题几度成为社会热点，但最终以反对者的胜利而结束。在实践层面，近年来各地区如火如荼地开展了司法实践活动，然而其构建的个人破产制度依然处于分散状态，各个地区的规定并不互相衔接。此后，深圳施行的关于个人破产的条例，将社会各界讨论个人破产制度的声音推到高潮。我国是否应该构建个人破产制度，支持者和反对者态度分明。支持者认为个人破产符合当下我国倡导的包容失败、保障企业家精神的理念，其是现代法治保障人权的现实体现；然而，持反对意见的人认为个人破产是对社会道德底线的冲击，稍有不慎便成为不良债务人逃废债的工具。

实际上，随着市场经济的发展，信贷危机频发，"诚实而不幸"的债务人无法脱离沉重且不能清偿的债务而面临生活困境；为破产企业作出担保而承担连带责任的债务人得不到有效的解决方案而导致市场僵化，堵塞了市场主体退出渠道，提高了退出成本，进而加大了法院的执行难度，使得国际破产交流面临阻碍。因而，对符合条件的债务人适用个人破产程序，畅通这类人群的市场退出渠道，一定程度上可以促使债权人受偿公平，进一步优化营商环境。

一、个人破产制度的历史考察

（一）域外个人破产制度的历史考察

个人破产制度源远流长，经历了多个不同阶段，如从人身罚到人身替代罚，再到加重财产罚和友好性财产清理等。

多数学者认为，西方"破产"一词的起源应该来自《汉谟拉比法典》，因为该法典对无限期役使债务奴隶有着严格的规定（第 117 条）。[①] 但是根据汤维建的考察，《汉谟拉比法典》中的规定应解释为"破产"概念的滥觞，作为完整的破产制度，应该以罗马法为摇篮。[②] 根据《十二铜表法》，若债务不能清偿，债务人将被卖身为奴或被处

---

① 陈丽君、曾尔恕：《外国法律制度史》，中国政法大学出版社，1997 年版，第 15 页。

② 汤维建：《破产概念新说》，载于《中外法学》，1995 年第 3 期。

死、分尸。① 恩格斯评价罗马法时说道："后世立法再也没有像罗马那样把债务人残酷地置于债权人的脚下。"② 这个时候债权债务关系的清偿是通过人身罚来体现的。

此后，古罗马时期出现了能够体现债务人破产特征的财产委付制度，当债务人资不抵债时，通过执行债务人的财产来解决当时的债权债务纠纷，此制度为破产法之后的发展奠定了坚实的基础。直白地说，财产委付制度就是当债务人无力偿还巨额债务时，经过一定的法律程序将债务人的财产变卖，并悉数分配给每一个债权人。财产委付制度是将债务人从人身执行到财产执行的重要转折点，也可以说是近现代破产制度的源头。③

破产，英语为"bankrupt"，来源于中世纪的意大利，由意大利语"bancarotta"演变而来。④ "banca"有摊位的意思，"rotta"有破碎、断裂的意思，"bancarotta"就是破产的意思。在 14 世纪意大利的很多商业城市，人们通过摆摊进行交易，当摊主成为资不抵债的债务人时，债权人就破坏他的摊位，以表达摊主经营失败。⑤ 这就是"摊位被毁"制度。在那个时代，债权人可以通过各种手段对债务人的财产进行处置，债务人也就失去了在市场经营、

① 周枏：《罗马法原论》，商务印书馆，1996 年版，第 869 页。

② 《马克思恩格斯选集》第 23 卷，人民出版社，2012 年版，第 156 页。

③ 文秀峰：《个人破产法律制度研究——兼论我国个人破产制度的构建》，中国人民公安大学出版社，2006 年版，第 2 页。

④ Johnson，Samuel，A Dictionary of the English Language，Harrison & Co. 1786.

⑤ Janette Anderson，Bankruptcy for Paralegals，NewJersey：PrenticeHallInc. 1997，p. 8.

交易的资格，这种对债务人的财产进行彻底清算的制度就是破产制度。[①] 意大利开创了破产制度的先河。意大利实行商人破产主义，在破产原因上以停止支付为无力清偿的标志，建立了撤销权制度，确立了和解为终止破产的方式等制度。[②] 1244 年至 1425 年，意大利先后制定了《威尼斯条例》《米兰条例》和《佛罗伦萨条例》三个被认为是最早规定破产制度的法规，为现代破产制度的建立奠定了基础。随后，欧洲大陆也效仿意大利建立了破产制度，英美法系也有了破产制度。

（二）我国个人破产的历史考察

我国在封建社会时已经有了债务纠纷，根据李玉生的研究，先秦时期，"债"一般书写为"责"，债务纠纷最早的文本记载出现于西周时期。[③] 虽然我国古代很早就有了债权债务关系，但是在固有法中，并不存在破产制度。对于债权债务关系，固有法中有"以刑逼债"和"血亲承担连偿还责任"两种法律责任方式。[④] 1906 年颁布的《大清破产律》是我国历史上第一部破产法，它废除了"以刑代偿""父债子还"的传统观念，引入了英美法系的破产免

---

① 陶乾：《意大利破产和解制度的发展及经验借鉴》，载于《社会科学战线》，2016 年第 10 期。

② Dalhuisen：Dalhuisenon International Insolvency & Bankruptcy，ch. 1，p. 24，p. 26.

③ 李玉生：《中国古代法与现代民法债和契约制度的比较研究》，载于《法学家》，2005 年第 5 期。

④ 蔡晓荣：《从负债应偿到破产免责：破产债务清偿责任衍进的中国法律史叙事》，载于《法学家》，2013 年第 6 期。

责制度。① 虽然这部法律采用了商人破产主义，但不是商人也可以适用。由于社会环境中的阶级不平等观念与法律所强调的平等观念有着不可调和的矛盾，这部法律在颁行两年后也就是 1908 年被废止。1915 年起草的《破产法草案》规定的债务人剩余债务是不免责主义，与《大清破产律》有着不同的做法，这部草案违背了商业习惯，也不符合国外的先进理念。② 1935 年，国民政府通过《中华民国破产法》，这部法律分为总则、和解、破产、罚则共四章159 条，采取一般破产主义。但是很多人认为这与中国人的习惯不符，不符合中国当时的实际，难以实施。③

然而，在我国的民间习俗中却有一些类似于破产及免责的习惯。青海果洛藏族居住区的"吾兰道沫"就是一种特殊的破产免责方式，债务人向债权人发邀请函，邀请债权人参加宴会（类似于破产法中的债权人会议），债权人与债务人在宴会上对债务的清偿达成一致。清偿协议达成一致后，对于债务人资不抵债剩下的无法清偿的债务就给予免除。此制度和破产和解有着异曲同工之妙。④ 民间还有立"兴隆字为债务停止契约"的习惯，其用意是等到

---

① 姚秀兰：《近代中国破产立法探析》，载于《现代法学》，2003 年第 5 期。

② 王为东：《破产免责制度的历史考察》，载于《中国市场》，2007 年第 35期。

③ 陈夏红：《近代中国的破产法制及其命运》，载于《政法论坛》，2010 年第2 期。

④ 桑杰侃卓：《"吾兰道沫"：青海果洛藏族地区的一种特殊破产形式》，载于《攀登》，2002 年第 6 期。

"兴隆后，再行偿还"。[①] 这种制度相当于如今的破产重整，是对债务人的还款期限进行宽宥，以期达到债务人能够偿还债权人债务的目的。"摊还"是当债务人资不抵债时，由债权人变卖债务人的财产，然后清算，摊账完毕后，债务人的债务也就得以了结[②]，相当于现在的破产清算。"大片肉"是东北地区的农村所流行的一种债务免责习俗，当债务人资不抵债时，由村里德高望重的老人主持活动，债务人将家中仅剩的财产变卖，然后买一头猪，请债权人吃饭，吃完饭后债务就了结了。[③] 这种形式类似于现在的破产免责。

新中国成立后废除了很多旧法，破产制度在一系列改革中再度消失。但是，随着改革开放的深度进行，我国的法律体制也在逐步完善。1986 年，在由计划经济到市场经济的转型期，我国颁布了《中华人民共和国企业破产法（试行）》。由于时代的局限性，这部法律只适用于全民所有制企业，缺少了实质可操作性。基于此，我国在 1991年的《中华人民共和国民事诉讼法》中专门设立了"企业法人破产还债程序"一章。但是这一章节只有 8 个条文，也远远不能满足快速发展的时代需求。

---

① 王雪梅：《官方与民间合力，制定法与习惯法并用——清末民初债务问题的解决途径与方式探析》，载于《四川师范大学学报（社会科学版）》，2012 年第 6 期。

② 娄敏：《"有限"与"无限"之间：摊还规则的偿债逻辑——以江津县债务类司法档案为中心》，载于《中国经济史研究》，2018 年第 2 期。

③ 聂晶：《社会治理视域下我国破产清偿民间习俗的价值探究》，载于《河北法学》，2020 年第 9 期。

综上所述，从民间角度来讲，由于聚居关系，古代的中国人是讲人情的，所以在民间流行的习俗中涵盖了个人破产制度的雏形；从官方角度来讲，我国历史上很早就存在债权债务关系，但是在处理债权债务关系的方式上，立法是基于"欠债还钱""杀人偿命"的传统观念，并没有破产一说，更没有个人破产的立法条例；从新中国成立之后的立法历史来看，对个人破产也没有涉及，没有个人破产的破产法是不完善的，所以李曙光认为中国实际只有"半部破产法"。

二、个人破产制度建立的必要性

经济发展愈来愈迅速，时至今日，个人已经成为市场经济的重要参与者，信贷经济也水涨船高。根据《NIFD季报》，我国的宏观杠杆率[①]，2019 年为 246.5%，2020 年为 270.1%，增长了 23.6%；居民部门杠杆率[②]，2019 年为 56.1%，2020 年为 62.2%，增长了 6.1%。[③] 此外，截至 2020 年末，信用卡贷款已经半年没有还款的总额达

---

① 宏观杠杆率：一般是衡量一个经济体金融稳定性的指标，更高的债务水平意味着每年全社会的利息支付和本金偿付的压力更大，一旦经济增长出现波动，则容易引发债务危机。

② 居民杠杆率：指居民债务与可支配收入之比，居民杠杆率表现为居民的债务负担和偿债能力，杠杆率越高，居民负担越重，偿还压力越大，也越容易出现金融风险。

③ 国家金融与发展实验室：《NIFD 季报（2020 年宏观杠杆率）》，http://www.nifd.cn/SeriesReport/Details/2540。

到 10838.64 亿元，这部分占应该偿还信用卡贷款总数的 1.06%。[①] 综合以上数据，可见我国的债务负债率上升，偿还压力加重，容易引发金融风险。因此，建立个人破产制度是个人对抗社会风险能力越来越低下阶段的必然举措。

（一）落实人文关怀的必然要求

1. 符合人道主义理论

对债务人进行过度惩罚并不能弥补债权人的损失，反而会使债务人陷入无尽的痛苦。这显然违背了现代法治保障人权的原则。保障人权就是要落实人道主义，人道主义强调保障人权，这里的人权不仅是物质上的救济，更是人的尊严。因此，个人破产中适用的个人破产免责主义符合人道主义理论。当前，市场经济高速发展，人人都可以有商业行为，参与经营活动，但风险也随之倍增，由于投资失败、过度消费、疾病、意外等导致债务人无力清偿债务的情况比比皆是。当债务人被宣告破产后，采取不免责主义会让债务人仍然处于债务的重重包围之中，活在债务的阴影下，这不利于债务人的重生，违背了人道主义原则。"人权要解决的是人的生存和发展"[②]，破产不免责主义过度保护债权人的利益而和债务人的基本人权矛盾。2004

---

① 中国人民银行：《2020 年支付体系运行总体情况》，http://www.pbc.gov.cn/goutongjiaoliu/113456/113469/4213347/2021032414491874847.pdf。

② 杨庚：《论生存权和发展权是首要的人权》，载于《首都师范大学学报》，1994 年第 4 期。

年我国宪法修正案高度肯定了"国家尊重和保障人权"，就是在宪法层面给予人权保障，因此，为了更加充分地保障人权，给予负债高昂的债务人重生的机会，推动个人破产免责制度的构建势在必行。

2. 保障创业激情

近年来，我国大力倡导"大众创业，万众创新"的理念，在商事活动中的体现就是以个人名义参与其中的自然人越来越多，较从前而言，商事主体日益多元化。以深圳为例，截止到 2021 年 9 月，在深圳登记的商事主体共有 370 多万户，同比增长 7.2%。其中个体户就有近 140 万户，同比增长 6.1%，占深圳所有登记的商事主体总量的 36.7%，超过了 1/3。① 除了上述登记信息的商事主体，我国的改革开放政策使个人商事行为普遍化，出现了大量以自由职业形式从事经营活动的商事主体，如微商等。这些新型商事主体为个人破产免责制度提供了经济基础。但是普通个人的经营行为有限，其所从事的经营活动大多存在资金少、规模小、技术力量差等问题。因此，个体经济在实际的市场活动中有极高的淘汰率，其所面临的问题较多，失败概率大。因为债务人赖账、逃债等导致的暴力催收事件时有发生，对社会秩序造成了一定的冲击，"4·14聊城于欢案"就是典型事件。为解决个体经济中存在的问题，并为债务人开辟一条重生的路径，个人破产制度可谓

① 深圳市市场监督管理局：《2021 年 9 月深圳商事主体登记统计分析报告》，http://amr.sz.gov.cn/xxgk/qt/ztlm/sjfb/tjfx/djfx/content/post_9349288.html.

不二之选。该制度既可以防止债权人或其他利害关系人为实现债权采取不公平或非法的手段引发的社会事件，还可以包容个人创业失败受到巨额债务牵连时保留基本的生存条件，保障其创业激情，为经济发展注入新的活力。

3. 应对突发性自然灾害

我国自然灾害频发，每年造成的损失难以估量，经济损耗巨大。据统计，仅 2021 年上半年，我国因自然灾害遭受的直接经济损失为 812.4 亿元。[①] 当巨大的自然灾害发生后，如何解决灾民的信贷债务问题应当重点考虑。2008 年汶川地震发生后，央行和银监会发布要求，让各银行结合各地区灾情，考虑受灾群众和企业的实际困难，当债务人无法按时偿还贷款时不作处罚，以保障灾区人民的正常生活运行。[②] 随后，银监会要求各地方银行将债务人因地震受灾而不能清偿债务的情况认定为呆账，并为其适时采取核销，帮助受灾的债务人尽快回归正常生活。[③] 虽然央行和银监会通过颁布相关文件对个人贷款进行了特殊处理，一定程度上发挥了免责的作用，但这些只是临时性的政策文件，其立法位阶低，适用范围小，发生具有偶然性，不能为遭受自然灾害的灾民提供稳定的法律预期。

---

　　① 中华人民共和国应急管理部：《应急管理部发布 2021 年上半年全国自然灾害情况》，https://www.mem.gov.cn/xw/yjglbgzdt/202107/t20210706_391111.shtml。

　　② 中央政府门户网站：《央行、银监会发布做好地震灾区金融服务紧急通知》，http://www.gov.cn/gzdt/2008-05/20/content_984064.htm。

　　③ 中央政府门户网站：《银监会要求认真做好汶川地震造成银行业呆账核销》，http://www.gov.cn/gzdt/2008-05/23/content_990264.htm。

因此，在立法层面建立个人破产制度，可以帮助"诚实而不幸"的债务人合理退出信贷债务，获得相应的救济。

（二）缓解"执行难"的有效措施

我国"执行难"问题已经苦恼法院多年，在2018年最高人民法院首次将个人破产制度的建立定为工作目标时，就认为当案件进入执行程序后却迟迟不能结案的原因是"执行不能"，这类案件占比为43%。[1] 对此，有学者提出案件积压、造成"执行难"问题的客观原因之一就是我国缺失个人破产及免责制度。[2] 在这部分"执行不能"的案件中，被执行人为企业法人时可以依据《企业破产法》通过破产清算将现有资产按比例分配来终结执行程序。[3] 但当被执行人为自然人时，自然人却没有合理渠道退出执行程序，不能像破产企业一样进行破产清算，以现有资产按比例偿债后合理退出。

当债务人资不抵债时，没有个人破产及免责制度只能退而求其次适用参与分配制度。不过，我国对参与分配制度限制了颇多的条件，并不是每一个陷入巨额债务纠纷的债务人都可以适用。首先，关于申请的时间规定。参与分配对时间有严格的限定，其规定的申请参与分配的时间是

---

① 《最高人民法院关于人民法院解决"执行难"工作情况的报告》，第十三届全国人民代表大会常务委员会第六次会议，2018年10月24日。

② 唐学兵：《建立个人破产制度：畅通"执行不能"案件的退出机制》，载于《人民法院报》，2018年12月19日，第8版。

③ 刘恒：《执行视角下的个人破产制度研究》，载于《社会科学动态》，2019年第5期。

执行程序开始之后。其次，关于主体的规定。参与分配规定的主体是被执行人限定为公民和其他组织。最后，关于债权的规定。参与分配所规定的债权有其特殊性，不是所有针对债务人的债权都可适用该程序，虽然在主体的限定上，参与分配是对《企业破产法》所排除在外的其他主体的弥补。该制度弥补了我国有限破产主义的不足，但是与个人破产制度相比有其局限性：第一，参与分配一定程度上不能公平地分配债权，对于没有取得执行依据或者正在经历诉讼程序的债权不能申请参与分配；第二，参与分配对债权人的规定具有不平等性，该制度对债权的限定为金钱债权，非金钱类债权不属于参与分配制度划定的范围；第三，参与分配没有设置利于债务人重生的规定。根据该制度，清偿后剩余的债务不能免责，因此债务人无法通过参与分配来脱离债务困境。综上，参与分配制度并不能有效实现债权清偿的公平性，且对已经穷尽所有手段确已清偿不能的债务人没有适用的免责条款，债务人仍然长时间处于债务困境，不能尽快回归市场。当法院客观执行不能时，法院一般会采取终结本次执行程序来建立结案出口。但是终结本次执行并不是彻底结束案件，而是使案件处于休眠状态，等将来有执行能力之后再次恢复，如此一来便难以实现债权人的合法权益。

综上所述，参与分配制度的设计目的是保护一部分债权人的利益，并没有体现出对债务人的保护；终结本次执行程序的设计目的是为法院经历客观执行不能情况时建立结案出口，是不得已而为之的程序。因此，此两种程序都不是终结性地了结债权债务关系。与此相较，个人破产制度的优势更为明显。该制度是在对债务人的所有财产进行全面审查之后，彻底清算债权债务关系，其制度一方面可以一次性地达成清偿协议，避免程序反复启动造成司法资源的浪费；另一方面和解、重整计划可以鼓励债务人积极偿还债务，平衡债权人和债务人的利益。此外，该制度在提高债务清偿率的同时，一定程度上重新规划了债务人的未来生活以及理财计划，对债务人重生具有积极作用。

（三）接轨国际破产法的有效途径

当今社会，各国经济交流频繁，经济发展和每个国家的命运息息相关。我国在 2001 年加入世界贸易组织，全面、深度融入了全球经济贸易。国与国之间经济频繁交流的同时促进了跨国债权债务关系。在全球经济发展一体化潮流中，对从事国际经济活动的个人而言，破产制度保障了债务人的创业精神，当其陷入债务危机时能够有合理的渠道挣脱债务束缚，使其有足够的底气应对国际金融风险；对国家而言，破产制度能够更好地应对经济危机，促进经济发展以保障民生。

个人破产制度在我国的市场经济活动中一直处于缺位状态，鉴于我国在国际经济活动中没有相关司法协助依据和机制，因此建立个人破产制度很有必要。只有建立个人破产制度，我国在今后的国际经济活动中才有更好的制度保障自身权益。例如，当外国经营者在我国境内出现资不抵债的情况时，我国的债权人可以依据相关规定向法院申请对外国债务人的审查以及宣告其破产，防止债务人不当转移财产，从而保障国内债权人的利益。进一步说，适用个人破产制度的程序，可以将有经营活动的外国债务人的财产划入个人破产制度的保护范围，最大范围地审查债务人的财产，充分清偿我国债权人的债权，最大限度地保护我国债权人的合法利益。当我国债务人在域外从事经营活动，因客观原因导致破产而在域外进入破产程序时，我国法院可以根据属人主义，适用我国的个人破产制度，最大限度地保障我国公民和其他组织的利益。

第二节　我国个人破产法律制度现状

我国将破产主体的范围严格限定为具有法人资格的企业，其他不具有法人资格的，如个人独资企业、合伙企业等就不具备破产能力，不能适用我国的破产法。① 由此可见，我国的破产法主体没有包括个人等相关主体，因此，个人破产要承受巨额债务，不能因经营失败而申请破产退出市场。

在没有个人破产相关法律制度的前提下，保障债权人实现债权的同时还要解决个人过度负债的问题，由于我国没有个人破产制度，因此实践中一般采取某些替代性制

---

① 最高人民法院发布的《关于审理企业破产案件若干问题的规定》第 4 条明确规定"申请（被申请）破产的债务人应当具备法人资格，不具备法人资格的企业、个体工商户、合伙组织、农村承包经营户不具备破产主体资格"。

度，如民事诉讼法中的终结执行以及终结本次执行程序、民事强制执行中的参与分配制度、限制高消费令以及特殊情况下可能实施的"临时政策"。然而这些替代性制度缺乏针对性，不能很好地解决个人破产的相关问题。因此，亟待出台个人破产法律制度，以有针对性地解决个人破产问题。

一、我国构建个人破产制度的主要障碍

现行《中华人民共和国企业破产法》自 2007 年 6 月 1 日起施行。这部法律是为企业破产程序制定的。在该法出台之前，破产法草案已经将个人破产列入其中，是否应该将个人破产纳入立法一度成为学界讨论的焦点，但是个人破产制度最终夭折，理由是我国尚不具备设立个人破产法律制度的条件。主要障碍有四：城乡二元经济结构不适用个人破产法律制度；传统道德文化中欠债还钱的意识和破产免责的冲突；我国的个人征信体系尚不完善，个人破产制度会使"老赖"等无道德底线的人钻法律的空子；我国对个人破产的监督机制不完备，没有实行个人破产制度的条件。

（一）城乡二元经济结构使得农村居民破产原因复杂

我国城乡二元经济结构下的农村实际经济情况影响了我国个人破产法律制度的建立。一是农村居民收入的复杂性导致农村居民的破产原因不好认定，二是对土地承包经

营权的不同认定导致破产财产无法认定。[1]

首先,相对于农村居民的复杂性,城镇居民的收入也同样具有复杂性。不管是农村居民还是城镇居民,人均收入都由工资性收入、经营净收入、财产净收入、转移净收入四项组成。[2] 在这四项收入组成中,没有一项是农村居民特有的。因此,农村居民比城镇居民的收入更复杂说不通。不管是个人还是企业,想要搞清楚其财产状况本就不是一件容易的事情。"自然人的财产状态不透明,并不能否定自然人不能破产,自然人的财产是否透明,并非破产法所关心的首要问题,破产法所关心的首要问题是债务人有无可供清理的财产。只要自然人存在责任财产,就有适用破产程序的基础;何况破产法所专门规定的财产管理人制度以及相应的管理债务人财产的措施,也在相当程序上可以最大限度地查明可供债务人支配的财产。"[3] 因此,农村居民财产收入的复杂性导致个人破产制度无法实施的观点值得商榷。

其次,土地承包经营权对农民的生活来说举足轻重,但其并不是农民收入的唯一来源。根据《物权法》的规定,土地承包经营权是一种用益物权,属于可以转让的权利。根据《农村土地承包法》的规定,土地承包经营权可

---

① 朱涛:《"个人破产"为时尚早——从农村经济现状论之》,载于《前言》,2009 年第 8 期。

② 国家统计局:《中国统计年鉴 2020》,http://www.stats.gov.cn/tjsj/ndsj/2020/indexch.htm。

③ 邹海林:《关于新破产法的适用范围的思考》,载于《政法论坛》,2002 年第 6 期。

以转让、入股、抵押或者以其他方式流转。换句话说，农民可以将自己的土地承包经营权作为财产投资入股，当其他股东的现金投资、实物投资都成了破产财产，就不应该对土地承包经营权进行豁免。①

综上所述，农民的收入情况、土地承包经营权等享有中国农村特色的制度并不会对个人破产制度的建立产生实质性的阻碍，在个人破产制度上区别对待农村居民与城镇居民本身是不对的，农村居民也应该无差别适用个人破产制度。

（二）传统道德文化中欠债还钱的意识冲突

在我国，"欠债还钱，天经地义"是最通俗的债权债务关系价值观的体现。我国有关债务纠纷最早的文本记载出现在西周时期。② 前已述及，对于债权债务关系，固有法有"以刑逼债"和"血亲承担连偿还责任"两种法律责任方式。③ 如秦代的居赀赎责（债）④。清代的代赔追偿⑤，对债务不能清偿的行为皆采取不予免责的形式，甚至会对

---

① 王雪丹：《关于二元经济体制对个人破产制度影响的思考——兼与朱涛博士商榷》，载于《前沿》，2010 年第 12 期。

② 李玉生：《中国古代法与现代民法债和契约制度的比较研究》，载于《法学家》，2005 年第 5 期。

③ 蔡晓荣：《从负债应偿到破产免责：破产债务清偿责任衍进的中国法律史叙事》，载于《法学家》，2013 年第 6 期。

④ 刘鹏：《秦简牍所见居赀赎债问题再探》，载于《北京社会科学》，2021 年第 8 期。

⑤ 王巨新：《清朝前期的商欠案及其解决》，载于《安徽史学》，2007 年第 5 期。

债务人采取严重的刑罚来保护债权人的利益，"欠债还钱"的传统观念延续了千年之久。直至清末《大清破产律》才引进了西方的债务免责观念①，但终究难产。自古以来我国关于债权债务关系的理念一直侧重于保护债权人，对债务人的态度是严苛的，债务人如果不能清偿债务，将会受到严重的惩罚。破产免责制度作为一个移植而来的法律概念，对我国的"欠债还钱"传统观念造成了巨大冲击，许多人认为个人破产免责制度违背了诚信原则，对构建个人破产免责制度表示不理解、不支持。

1. 破产免责是法律上的价值权衡

诚然，我们倡导契约精神，当债权债务人签下借款合同时就产生了义务，承诺双方应当履行还款的约定。② 人无信不立，做人最重要的是有诚信，签订了契约就要履行。但是对此观点不应片面解读，应当辩证看待。如果机械地认定"欠债还钱"的思想，那么当企业法人资不抵债而进行破产清算时，就与此观点冲突。当一个"诚实而不幸"的债务人丧失了还款能力时，与其让他背负沉重的债务，生活处处受到限制而无法成为一个具有活力的市场主体，不如为其提供法律救济，使其脱离债务，轻装上阵，重新出发。这符合当下社会"包容失败、鼓励创新"的大环境。现代破产法律理论认为，现代债权债务关系早已脱

---

① 聂晶：《社会治理视域下我国破产清偿民间习俗的价值探究》，载于《河北法学》，2020年第9期。

② 《中华人民共和国合同法》第60条："当事人应当按照约定全面履行自己的义务。"

离了单纯的私人自治范畴，涉及社会的整体利益，影响了其他的社会主体。首先，当一个人陷入沉重的债务负担时，没有法律救济就需要消耗社会整体利益对其进行救济；其次，没有个人破产制度作为救济手段，其难以挣脱债务束缚，社会因此会丧失有利益创造价值的主体；最后，严重的债务人会对社会失去希望，破罐子破摔。因此，现代社会的债权债务关系不仅仅是债权人和债务人之间的利益牵扯，还涉及整个社会经济的良性发展，牵涉社会的整体利益。基于此，考虑实行个人破产制度来为陷入债务困境的债务人提供精神和财务上的救济机制势在必行。这与"欠债还钱""父债子偿"等传统观念并不冲突，在道德上倡导契约精神，欠债还钱，在法律上个人破产制度则是价值权衡。

2. 免责≠逃债

多年来，公众对个人破产制度持反对态度的原因多是对其免责制度的担忧，认为破产免责会促使债务人恶意逃债，这类担忧主要出于对个人破产免责制度的片面认识。一方面，个人破产免责制度对免责条款的适用有严苛的条件，并不是债务人宣告破产就可以适用免责，只有审查"诚实"的债务人才符合免责的主体要求，在经过一定的考察期之后，才可能适用破产免责制度；另一方面，个人破产免责制度规定了许多限制个人破产免责的消极条件，如不予免责的情形、不予免责的债务、撤销免责的事由和期限等，这些制度在防止债务人逃废债行为上起着关键作用。此外，当公众认为个人破产免责制度的适用能够完全甄别债务人是否"诚信",并为此类债务人提供合理的救济途径，帮助其获得新生时，公众对个人破产免责制度沦为逃废债工具的担忧便可消解。从《深圳经济特区个人破产条例》的施行情况来看，我国目前制定的规则已经初步具备甄别债务人良性与否的条件。例如，2021 年 5 月 14日，深圳中院做出一份裁定书，内容是对某个债务人的个人清算申请裁定不予受理，给出的理由是：一方面债务人在其财产变动方面不能给出合理且圆满的解释；另一方面债务人与其配偶在离婚时订立的离婚协议中约定仅由债务人一方承担婚姻关系存续期间所负担的共同债务，由此对债务人转移财产的行为存疑。① 因此，从现有的实践经验来看，我国对个人是否适用破产免责的审查是严谨的，破产免责制度不会成为不道德人群逃债的工具。

（三）个人征信体系不完善

对我国构建个人破产制度持反对态度的人认为，完备的信用体系等配套制度是构建个人破产及免责制度的先决条件。然而，当前我国的征信体系还未完善，不足以保障个人破产制度的有效实施。2004 年修改的破产法就曾将个人破产条款纳入其中，却因个人破产条款被否定而删除。其中很重要的原因就是我国的征信体系不完备会导致制度滥用，而我国现有的信用基础并不足以支撑构建个人

---

① 广东省深圳市中级人民法院：《（2021）粤 03 破申 217 号（个 6）民事裁定书》。

破产制度的社会信用环境。笔者认为，虽然当前我国的征信体系仍不完善，但是完备的信用体系并不是构建个人破产制度的必要、先决条件，二者不是先与后的关系，而是相互促进、相辅相成的关系。完备的征信体系可以保障破产免责制度的实施，对债务人申请免责的前中后期进行有效的行为监督，防止其欺诈、逃债；而个人破产制度合理免责某部分债务，鼓励债务人诚信申报财产，有助于社会形成良好的信用风气，促进征信体系的完善。

即使征信体系的建立是构建个人破产制度的必要前提，当前我国也已经具备了构建个人破产制度的基本条件。2004 年，我国征信系统启动建设，此后不断完善；2005 年，我国批准第三方征信市场建设，如芝麻信用等，以第三方征信市场的准入完善仅有的央行征信系统建设中出现的征信信息单一的问题。目前，我国最权威的征信系统为 2006 年 3 月建立的中国人民银行征信中心，其他非官方的征信系统主要有支付宝、腾讯征信、上海征信 CIS 等。2007 年，全国法院运行了执行案件的信息管理系统，联合了银行、工商管理等各行各业的有关部门共同建立信息链接，以此系统为基础，实现执行案件内部信息与外部信息之间的融通。截至 2019 年，在征信数据收录方面已经累计收录 9.9 亿自然人、2591 万户企业和其他组织的征信信息。① 此外，现代计算机网络技术的进步也为市场

---

① 中国人民银行：《央行：我国已建成全球规模最大的征信系统》，http://jingji. cctv. com/2019/06/14/ARTIoN71XxYB80L9Ziwy5iwB190614. shtml。

主体提供了信息公开的时机。

综上所述，虽然我国的征信系统建设起步较晚，还存在一些不足，但是我国已初步具备个人破产免责的征信条件，与否定个人破产制度建设时提出的社会征信条件"不成熟"论不可一概而论。此外，只有在实践运用中才能发现现有制度的不足，因此建立个人破产制度可以更好地促进征信系统的完善。

二、我国个人破产试点地区的经验与成效

（一）试点地区典型案例考察

1. 和解程序

龙马潭吴某案：

2017年，债务人吴某因扩大生意规模向甲、乙、丙、丁四人共借款76万余元，但因经营困难，债务人吴某处于资不抵债的困难境地，无法如借款时承诺的期限偿还借款及利息。因此，债权债务关系在得不到很好的解决之后，进入强制执行程序。而吴某因进入强制执行程序被列为失信被执行人，消费处于限制状态，使得吴某无法进行正常的生产经营活动，这给吴某的经营及个人生活造成很大的影响。法院为帮助吴某继续经营生意，组织债权人和吴某达成和解协议：各债权人纷纷申请将债权人吴某移出失信被执行人名单，并解除对债权人吴某的消费限制。其中部分债权人放弃利息，部分债权人放弃一部分本金及利

息，债务人及时履行和解协议，获得重生。①

案件分析与点评：

本案中债务人因生意亏损而无力偿还债务，在执行阶段积极配合，符合"诚实而不幸"的债务人条件。而为了达成和解协议，债权人对债务人放弃一部分债权，对自身想要的债权做出妥协和让步，进而促成债权人和债务人自愿达成和解协议，减少了债务人的债务压力，让债务人在巨额债务中看到希望，促使债务人积极偿还债务，获得重生。通过豁免债务人的债务，并解除失信、限制消费措施，为其解除后顾之忧，使其能够继续经营生意，为将来的按期履行创造条件，最终达成多方共赢。龙马潭地区的个人债务清理制度针对个人债务和解，通过法院组织债权债务双方进行调解，达成和解协议，对债务人的部分债务进行豁免，使其脱离被执行人名单及限制消费的束缚，获得重生，回归市场经营活动。龙马潭并不属于我国经济发达地区，但是在该地区试点的和解免责程序取得了突破性的进展，一定程度上消除了经济欠发达地区不适用个人破产免责制度的担忧，为我国构建全国范围内的个人破产制度奠定了良好的基础。

深圳张某案：

债务人张某为公司的经营性贷款提供担保，因公司经营不善，债务人和其他等担保人应对银行承担连带清偿责

---

① 泸州市龙马潭区人民法院：《我为群众办实事 ｜ 被执行人债务豁免典型案例（九）》，https://mp.weixin.qq.com/s/7d＿CHlcl＿DKPkYNppf8H5A。

任。债务人已经穷尽偿还债务的手段，确已经无力偿还贷款。且债务人年事已高，还患有多种基础性老年疾病，身体每况愈下，基本丧失劳动能力。深圳法院受理后，和债权人达成了债务和解方案，为债务人保留基本生活的财产后，将其他剩余财产全部用于清偿债务，不能清偿的部分予以全部免责。①

案件分析与点评：

本案是深圳试点条例施行后公布的个人破产清算案件第一例，具有典型性。深圳地区的和解、重整、清算程序皆可适用免责条款，具体适用根据具体案件有很强的灵活性。本案中的张某年过七十，负债原因是多年前为公司提供经营性贷款担保，公司经营失败后，不同于多数跑路的债务人，张某积极偿还贷款，且在和解过程中积极配合法院的破产程序，主动申报财产，争取债权人的支持，符合"诚实而不幸"债务人的认定标准。破产免责的目的是帮助债务人重生，通过债权妥协和让步的方式建立债务人重生的通道，帮助债务人走出债务困境。本案一方面免除了年老债务人的巨额贷款，体现了对年事已高的债务人的人文关怀和人权保障；另一方面因为债务人没有清偿债务的能力，对其死缠烂打无济于事，反而会增加债务人清偿债务的成本。本案的解决不但免去了债务人不能清偿的债务，也为债权人节约了无意义追偿的成本，乃为双赢之策。在此之前，大量为企业提供经营性担保而背负高额债

---

① 深圳市中级人民法院：《（2021）粤 03 破 347 号（个 6）民事裁定书》。

务的债务人没有救济程序，没有重生的希望，而免责制度为其提供了市场退出渠道，使得某些实在无法清偿债务的不幸债务人摆脱"老赖"标签，回归正常生活。

2. 重整程序

遂昌蔡某宝案：

蔡某宝原本经济状况良好，但是其妻经商失败欠下巨额债务，离婚后妻子采取"消失"的方式躲避债权人的催债，债权人只好找上蔡某宝要求其偿还巨额债务。由于自己收入有限，变卖家产后偿还了部分债务仍有巨额债务，实在无力清偿，后债务人被债权人起诉并进入强制执行程序。一年时间里，遂昌法院一共受理关于蔡某宝一人欠债的执行案件6件。在执行程序中，法院充分调查后查明，债务人只有工资收入，没有其他收入，也不存在可供执行的其他财产。在保留必要的生活费后，对其收入予以扣留用于清偿债务，全部执行案件以终结本次执行程序的方式结案。债务人申请个人债务重整，双方达成重整方案，部分债权人放弃本息，部分债权人同意债务人只支付本金的50%。但由于债务人没有可供执行的财产，法院和第三方银行引入"重整贷"融资进行债务清偿，且约定信用限制期为5年。①

案件分析与点评：

本案是遂昌实例的典型，在债务重整方面有着不同于传统制度的创新。个人破产重整程序中最大的瓶颈就是债

---

① 浙江省高级人民法院：《2020年浙江法院个人债务集中清理典型案例》。

务人陷入高额债务，已经不再具备正常人融资的能力，但是蔡某宝案件突破了这一瓶颈，创新性地引入了第三方，为履行不能的债务人进行融资，让那些遵守诚信原则，没有逃避债务，有强烈履行意愿却因负债累累暂时缺乏清偿能力的被执行人恢复履行能力。而且债权人放弃一部分债权，让渡债权免责部分债务，降低了债务人的巨额债务总额，而引入第三方银行提供融资贷款的同时，将债务人的高额利率转换为银行提供的低额利率，促使债务人尽快偿还债务，有利于债务人获得重生。第三方银行为债务人提供融资贷款的行为是对债务重整程序的创新，扩宽了适用重整免责的方式路径。此外，就本案而言，债务人在进行个人债务清理之前，法院受理债务人的执行案件共有 6 件，同一债务人因同一个债务分散为 6 个强制执行案件，而个人债务清理制度使得 6 件执行案件转变为 1 件个人债务重整案件，6 件到 1 件的转变一定程度上减少了法院的执行案件量，缓解了法院"执行难"的困境。这种解决路径在本案中得到了充分的体现。

深圳梁某案：

债务人梁某因创业失败无法清偿借款。深圳法院受理后同意梁某适用个人破产重整程序，并达成分期还款计划。债务人在 3 年内保留基本生活财产，每月剩余钱款用于清偿债务，免责的债务为利息和滞纳金。3 年重整期后，债务人没能完成重整计划，债权人有权启动债务人的

破产清算程序。[①]

案件分析与点评:

本案是深圳试点条例施行后公布的第一例个人破产重整案件,具有一定的典型性。梁某的重整计划中,债权人会议一致同意为债务人免除高额的利息和滞纳金。据重整计划可以推算,如果该重整计划能够顺利执行完毕,那么债权人的利息和滞纳金虽然不再得到清偿,但是债权人本金的清偿比例却达到了100%。从债务人的整个债务关系的宏观角度来看,债权人中的普通债权的受偿率达到了88.73%,而在破产清算的情况下,对梁某享有债权的普通债权人可能只能得到33.34%。从债权的清偿率角度来说,梁某的重整免责计划最大限度地保障了债权人的利益。与此同时,对债务人梁某来说,个人破产重整程序为其免除了债务的利息以及滞纳金,使其债务不再越滚越多,能够尽早回归市场,双方最终实现共赢。因此,不管是对债务人还是对债权人,个人破产重整程序在平衡双方利益方面有了更好的路径,免责更是促进了这一平衡的实现。

3. 清算程序

温州蔡某案:

债务人蔡某为某公司股东,该公司因经营不善,不能清偿到期债务,已被法院裁定破产清算,蔡某承担连带清偿责任。但蔡某收入低微,只有零星存款且长期患病,家

---

① 深圳市中级人民法院:《(2021)粤03破230号(个1)民事裁定书》。

庭经济捉襟见肘，对于高额债务确实无力清偿。对此，法院根据个人债务清理制度，受理后召开债权人会议，蔡某宣读《诚信书》，并达成债务清算方案。限定债务人 214 万元的所有债务，只需要清偿 3.2 万元左右，限定时间为一年零六个月。该清算方案的清偿率仅为 1.5%。与此同时，方案提出债务人在 6 年内，以 12 万元为界点，如果债务人及家属的年收入超过 12 万元，超出部分的 50% 仍然要用于清偿债务人的债务，约定了信用限制期为 3 年。[①]

案件分析与点评：

本案是温州个人债务清算制度实施后公布的第一例债务清算案件，也是全国范围内第一例债务免责案件。本案中债务人蔡某 214 万元的债务以 1.5% 的比例一次性清偿，只用偿还 3.2 万元就免除了 214 万元的债权，充分适用了债务免责的条款。债权人以让渡债权的方式，降低债务的清偿比例，有条件地对蔡某的债务进行免责，为债务人再次参与市场经济活动提供了可能。蔡某的清理方案中融入了个人破产中自由财产的理念（为债务人的基本生活保留了必要的费用）、债务豁免的理念（债务免责）、失权复权的理念（考察期、信用限制）。此前，大量如蔡某一般的自然人为破产企业提供担保，当企业破产后因连带清偿责任背上巨额债务，生活陷入困境，无法寻求救济，成为类似于"僵尸企业"的"僵尸人"，阻碍了市场经济的

---

① 浙江省高级人民法院：《2020 年浙江法院个人债务集中清理典型案例》。

流动。而债务清算免责畅通了债务人退出渠道，使得"僵尸"复活。

深圳呼某案：

债务人呼某因经营失败无力偿还借款，深圳法院受理审查后认定债务人财产不足以清偿全部债务，遂宣告其破产。债权人会议通过同意呼某保留生活必需财产，每月剩余钱款用于清偿债务，设置3年考察期，考察期满后，根据债务人表现，裁定是否免除剩下未清偿债务。[①]

案件分析与点评：

本案是深圳试点条例施行后公布的第一例在破产清算中引入免责考察期制度的案件，比此前公布的所有关于债务免责的案件都典型。本案中，法院经过充分的调查后，为呼某适用了个人破产中的自由财产制度（保留了债务人及家属基本生活必具的财产），这项制度体现了对债务人的人道主义关怀。本案设置了对呼某3年的考察期，3年之后债务人呼某可以向法院申请适用免责制度，免责考察期的规定鼓励债务人在3年考察期内积极配合各项监督汇报程序，以求3年考察期满能够获得免责。与此前公布的案件相比较，呼某案件最大的不同之处就在于其是彻底通过司法程序适用个人破产制度而宣告破产的，经过全面审查，债务人呼某资不抵债且确实丧失了偿还债务的能力，而后经过破产宣告进入具有法律意义的免责考察期，是我国第一宗"个人破产清算免责"案件。

---

① 深圳市中级人民法院：《（2021）粤03破417号（个11）民事裁定书》。

（二）我国个人破产试点地区实践经验总结

综合以上案例分析，在各个地区的和解、重整制度中，不同地区由于发展程度不一样，适用的制度也不一样，却殊途同归：适用和解、重整程序的债务人大都具有未来可预期的收入，有回归市场的可能，针对这类重生希望极大的债务人，由债权人对债权做出让步，减少债务总额，使得债务人看到重生的希望，促使其积极偿还债务，实现双方共赢。

我国地方法院在个人债务清理机制方面的试点和尝试，是我国建立个人破产制度的雏形。台州的经验创造性地将个人债务的执行与个人破产中的债务清理联系起来，有个人破产的意味。温州出台的文件规范了整个债务清理机制的流程，具有一定的先进性。深圳的个人破产司法实践为我国构建个人破产制度奠定了良好的基础。但是由于我国幅员辽阔，每个地区的经济发展水平都不相同，因此，在构建全国性的个人破产制度时，不能完全照搬司法实践地区的经验，而是要制定一个适用全国的法律性文件。

此外，我国虽无个人破产制度，但是不等于没有个人破产的事实，相反，我国实践中有大量的此类事实债务人。而当债务人不能清偿到期债务，法院全面审查确认债务人确无清偿的可能时，在客观执行不能的情况下，法院为了结案率的考核就会适用终结本次执行程序，长此以往，法院强制执行的司法权威就会受到质疑，进而使得公信力变低。债务人则没有合理的退出渠道，成为市场经济中的"僵尸人"，不利于市场经济的发展。

司法实践地区的债务清理机制和个人破产制度的试点，为执行难开辟了另一条通道，使得深受债务困扰的企业家有了更好的出路。司法实践地区的试点倒逼全国性的制度，有很好的促进作用，由此也为建立全国性的个人破产制度提供了一个很好的思路。我国的个人破产制度立法分阶段进行，采取由点及面的传导型立法方式，可以在经济比较活跃、社会观念相对开放的北京、上海、广东及其他省（市、区）先行试点，形成可复制、可推广的经验后，再向全国推广。

第三节　构建我国个人破产制度的路径

一、自由财产制度

自由财产的另一个说法为豁免财产，这是破产法基于人道主义为债务人保留的财产，债务人因生活生产的必要活动可以对这部分财产自由支配，故称自由财产。① 自由财产是经由法律规定，法院可以酌情决定的，自由财产之所以自由，是因为债务人可以自由地管理、适用和处分，

---

① 徐阳光、陈科林：《论个人破产立法中的自由财产制度》，《东方论坛—青岛大学学报（社会科学版）》，2020 年第 3 期。

并且不会被法院查封、扣押，以用于分配债权人的清偿。

（一）自由财产的特殊性

1. 自由财产制度具有双重目的性

自由财产是一种特殊的财产，存在于个人破产制度中，其可以保障债务人及家庭成员的基本生活，还能促进债务人东山再起，重新回归市场。[①] 自由财产制度要考虑债务人及与其具有赡养、抚养、扶养关系的家庭成员的生存权，还要考虑债务人在经历破产之后回归市场的发展权。自由财产的目的就是"使作为健全市民的破产人有重新起步的可能性，保障宪法要求的健康而富有文化性的最低生活"[②]。

2. 自由财产构成条件的不确定性

自由财产的范围不好界定，这一点从它的定义中就可以看出。"为了实现保障债务人及其家人的合理生活需要等特殊目标"，对于这个定义，法律不能有明确的规定，不可能用列举的方式穷尽自由财产的具体数额，也不能给出一个统一的认定标准。自由财产具有双重目的性，它是为了维持债务人及其家庭成员的基本人权，以及债务人回归市场的发展权而根据债务人的自身情况划分的。不同的债务人有不同的情况，如债务人的职业、家庭成员的抚

[①]　邹海林：《破产程序和破产法实体制度比较研究》，法律出版社，1995 年版，第 265～266 页。

[②]　伊藤真：《破产法》，刘荣军等译，中国社会科学出版社，1995 年版，第 91 页。

（扶）养情况、所生活的城市的经济发展状况等都是有差别的。在界定债务人的自由财产时，只能根据债务人自身的情况进行价值衡量。在审理案件的过程中，法官往往具有很大的自由裁量空间，要衡量各方的利益来确定最终的破产财产范围。

（二）自由财产的正当性和价值追求

1. 自由财产制度有利于保障基本人权

自由财产并不是随破产制度一同产生的，古罗马时期的破产法将债务人的人身作为债的担保，债务人不能偿还债务时，债权人有权将债务人奴役、出卖甚至斩杀。[①] 尽管古罗马时期的破产法极其注重私有财产的保护，但是随着社会的发展，古罗马出现的财产委付制度也给了债务人生存的机会。人权意识觉醒后才产生了自由财产制度，因为自由财产的目的之一是保障人权。"自由财产的理念是，当债务人获得免责、退出破产并获得全新的开始时，他们首先应该有足够的财产以满足自己和家人在破产后的低生活需求，必要时包括低的业务需求。"[②] 人权观强调的是最基本的人权，即生活的权利和吃饭的权利，自由财产制度就是为了保障这种权利："为债务人及由其抚（扶）养家庭成员的基本生活提供必要的金钱与财产保障，为其继

[①] 徐国栋：《罗马破产法研究》，载于《现代法学》，2014 年第 1 期。

[②] 世界银行破产处理工作小组：《世界银行自然人破产问题处理报告》，殷慧芬、张达译，中国政法大学出版社，2016 年版，第 92 页。

续工作提供合理的条件，以及为其重新创业提供无生存负担的环境。"[①]

人作为人，最基本的人权就是生存权，在债权债务关系中，如果仅仅是为了充分实现债权人的利益而剥夺债务人的所有财产，以至于给债务人的生存造成威胁，这是对基本人权的挑衅，是一个法治社会所不允许的。自由财产存在的目的就是为破产后的债务人提供必要的生活资料。人是群居动物，家庭在人类的生活中占有极其重要的位置。因此，在考虑自由财产时还应该考虑家庭成员的生存问题。因为当债务人宣告破产时，作为与之紧密联系的家庭成员的生活也会深受影响，在将债务人的财产认定为破产财产时，可能会侵犯家庭成员的生存权。可见自由财产不仅关乎债务人自身，还涉及家庭成员。

自由财产具有双重目的性，除了要考虑债务人及其家庭成员的生存权，还要考虑债务人回归市场的发展权。"发展权是在生存权基础之上派生出来的一种权利，如果没有生存权，发展权将会成为空中楼阁；如果没有发展权，生存权也将会难以持守。"[②] 发展权和债务人的生存权一样不可随意剥夺，如我国香港特别行政区《破产条例》第 43 条第（2）款规定"破产人在其受雇工作、业务或执业中为供其本人使用而必需有的工具、簿册、车辆及

---

① 王欣新：《用市场经济的理念评价和指引个人破产法立法》，载于《法律适用》，2019 年第 11 期。

② 胡利玲：《论个人破产中豁免财产范围的确定》，载于《经贸法律评论》，2019 年第 4 期。

其他设备项目"归入自由财产范畴。因此，在宣告债务人破产时，应该保留债务人今后重新回归市场发展的职业工具，使得债务人可以尽快回归市场，保障发展权的实现。

2. 自由财产制度有利于培育企业家精神

2015 年政府工作报告明确提出要打造"大众创业、万众创新"，国家也出台了《关于发展众创空间推进大众创新创业的指导意见》，对推动创业和创新具有指导作用。在这一背景下，经济活动的重要主体就是企业家。"企业家精神也是生产力"①，从各个国家的立法实践来看，自由财产制度是企业家精神培育的核心驱动之一。从域外经验可知，个人破产改革的目的是培育企业家精神，特别是使民营企业家在面对破产时有了一定的缓冲，以此来鼓励企业家积极创新创业。② 其中自由财产制度发挥了重要作用，为企业家创业失败提供了基本的生活保障。创业是有风险的，如果企业家对市场前景出现了误判，那么就很容易陷入破产的境地。财务上的绝望可能会使很多企业家走向迷途，而自由财产制度保留了债务人及其家人的生存物资，甚至还保留了债务人回归市场的职业工具，极大地保障了企业家的生存，有利于其尽快回归市场。根据制度的溢出效应，企业家受自由财产的激励参与市场活动，这样可以助力实现企业家精神的培育，营造"大众创业，万众

---

① 金花：《企业家精神也是生产力》，载于《人民日报（海外版）》，2019 年 11 月 14 日，第 10 版。
② 蔡嘉炜：《个人破产立法与民营企业发展：价值与限度》，载于《中国政法大学学报》，2019 年第 4 期。

创新"的氛围。

3. 自由财产制度有利于缓解社会保障压力

人类的生产生活实践产生了社会保障，这是国家或者社会通过法律对国民收入的再分配，其功能是防范自然、经济、社会等风险，以此来确保社会成员的基本生活。社会保障通过多元化的社会供给方式满足社会成员的基本生活需求①，是现代法治国家赋予公民的权利之一②。

就生存权来说，"如果让债权人剥夺债务人的所有财产，债务人就将成为政府的负担，沦为民间福利的救济目标"③。当债务人被宣告破产后，没有了自由财产也就使得其和家庭成员陷入贫困，这个时候就需要进行社会救济。自由财产制度可以使债务人及其家庭成员脱离贫困状态，不需要救济。如果没有自由财产制度，债务人及其家庭成员就需要社会救济，而社会保障最终的买单人还是广大的纳税人，这无疑加重了纳税人的负担。

就发展权来说，为宣告破产的债务人保留自由财产，既保障了他和家人的基本生活，还可以让其尽快回归市场。当债务人回归市场时，就有了创造财富的能力，因为即使宣告破产也并不代表他就丧失了创造财富的能力。当债务人回归市场后，继续创造财富，不仅不需要社会救

① 张姝：《社会保障是社会和谐的基本保障》，载于《社会科学战线》，2005年第6期。
② 郑莹：《从传统走向现代：社会保障权司法救济的检省与矫正》，载于《法学杂志》，2012年第3期。
③ 查尔斯·J.泰步：《美国破产法新论》（第三版），韩长印等译，中国政法大学出版社，2017年版，第956页。

济，还能缓解社会保障的压力，提高家庭成员的生活水平，为社会创造更多的价值。

（三）自由财产的原则

1. 适度保护原则

完善的自由财产制度体现了一国破产法对债务人基本权利的保护水平。如果自由财产的范围过于宽泛，那么就会损害债权人的利益，违背公平原则；如果自由财产的范围过于狭窄，那么对债务人的保护就不到位，容易引发社会风险，侵害债务人的基本人权。因此，债务人的保护范围是一个很大的难题。

2. 灵活性原则

自由财产的构成具有不确定性，一是因为每个地区的经济发展情况不同，二是因为每个破产人面临破产时的情况有所不同。笔者认为，可以仿照《城市居民最低生活保障条例》① 来灵活确定自由财产的范围。

（四）自由财产的界定

目前对破产财产的界定有两种立法主义：一种是固定主义，认为截止到破产宣告时破产人所有的财产是破产财

---

① 《城市居民最低生活保障条例》第 6 条："城市居民最低生活保障标准，按照当地维持城市居民基本生活所必需的衣、食、住费用，并适当考虑水电燃煤（燃气）费用以及未成年人的义务教育费用确定。"

产，以德国为代表，又称为"德国法主义"①；另一种是膨胀主义，认为截止到破产终结时破产人所有的财产是破产财产，以法国为典型，故又称为"法国法主义"②。另外，英国、意大利、瑞士等国及我国台湾地区的破产法也采用这一立法例。两者的判断方式是看破产财产的计算是截止到破产宣告之日还是破产终结之日。③ 固定主义有助于破产人尽快获得财产再创事业，能够促进债务人尽快回归市场经济，一定程度上简便了破产程序。相较而言，膨胀主义为债权人提供了充分的保护，这样就使得债务人的重生较固定主义困难，破产程序也更为复杂。

有学者认为，我国的破产立法应该采用固定主义的立法模式，这样更能保护各方当事人的利益。④ 也有人认为，我国破产立法应采用膨胀主义的立法模式，这样更具有实际意义。⑤ 笔者认为，我国应该采用折中的立法条例。首先，基于膨胀主义，允许债务人以在破产程序中新取得的财产清偿债务可以适当提高债权人的受偿比例。⑥

① 汤维建：《破产程序与破产立法研究》，人民法院出版社，2001年版，第276页。

② 汤维建：《破产程序与破产立法研究》，人民法院出版社，2001年版，第274页。

③ 邹海林：《破产程序和破产法实体制度比较研究》，法律出版社，1995年版，第363页。

④ 邱柳：《浅析我国个人破产制度构建之自由财产制度》，载于《学理论》，2009年第16期。

⑤ 王黎明：《破产财产构成要件研究》，载于《洛阳师范学院学报》，2004年第4期。

⑥ 徐阳光：《中国破产审判的司法进路与裁判思维》，法律出版社，2018年版，第30页。

与此同时，应当准许债务人在一定条件下保留在破产程序中所获得的报酬，以此来鼓励债务人的劳动积极性。如德国保留薪酬的 1/2，日本保留 3/4，但日本实务中以保留 1/2 为标准。[①] 当然，为了防止债务人的"策略性破产"，其他债务人并没有付出对价的获得性财产应该全部用于清偿债务。[②] 例如，继承所得的财产、中奖所得的财产等。

1. 生存所必需的财产

自由财产存在的最主要目的就是保障债务人及其家庭成员的生存权。由此可见，维系债务人基本生活的财产就是自由财产最重要的一部分。我国幅员辽阔，地域发展不平衡，城乡差异大，这些因素导致我国提供的社会保障水平并不高。这是因为社会保障水平过高会不利于人们积极寻求发展，容易出现一些得过且过的社会闲散人员，有碍我国社会的整体进步。但是，自由财产的目的是保障"诚实而不幸"的人，"诚实而不幸"这个限定已经将"懒汉"排除在外。因此，自由财产保障债务人的生存权和发展权，此标准应该高于社会基本保障的标准。

（1）维持基本生活的日常物品

日常生活用品即人们日常使用的物品，也是生活必需品，如食物、电器及其他家庭用品等。这类物品的使用价

---

① 罗琳：《论个人破产制度中自由财产处分"自由"的限制》，载于《湖北社会科学》，2020 年第 11 期。

② 樱本正树：《自由财产による破产债权の任意弁济の可否について：最高裁平成一八年一月二三日判决を契机として》，载于《东洋法学》，2010 年第 54 卷。

值高于变卖清偿的经济价值，即使将其变卖，债权人也得不到充分的清偿，但是将其留给债务人用以满足其日常生活的基本需求，有利于对债务人生存权的保护。如果债务人家用物品的经济价值明显超出保障基本家庭生活的必要限度时，就应该将这些物品划为破产财产，用以清偿债权人，同时从破产财产中提供合理的豁免金额以供债务人购买廉价替代品来满足生活所需。[①]

（2）日常消耗及生活费用

生活必需费用是保障债务人及其家庭成员基本生活的基础，但是我国并没有文件对生活必需费用的合理性进行界定，这样会导致法院具有极大的自由裁量权，不利于兼顾债权人和债务人的利益。并且很多国家都对生活必需费用的保障时间进行了限制。如德国将自由财产的使用时间限定在四周内。[②] 大多数国家将这类时间限定为 1～3 个月，而根据我国国情，我国申请低保的时间从提交申请至审批通常也需要 1～3 个月，因此，给予债务人生存权的保障应该适当高于其能够获得低保的时间。[③]

2. 发展所必需的财产

在保障债务人及其亲属基本生活的同时，还需要一定

---

① 陈本寒、罗琳：《个人破产制度中豁免财产范围规则的本土化构建》，载于《湖北大学学报（哲学社会科学版）》，2021 年第 1 期。

② 《德国民事诉讼法》第 811 条规定："对下列各物，不得扣押……2. 债务人，他的家属以及帮助他管理家务的人在四周内所需要的食物、燃料、照明用材料，或者，在此期间内无此项储备而又不能以其他方法得到保证时，为购置项物品必需的款项。"

③ 陈本寒、罗琳：《个人破产制度中豁免财产范围规则的本土化构建》，载于《湖北大学学报（哲学社会科学版）》，2021 年第 1 期。

的财产维系债务人正常的工作或经营以便于其重新开始。但是用于商业目的的财产不在自由财产的范围之内。[①] 发展所必需的财产是债务人为了自己和家庭成员的基本生活所必需的职业基本工具,例如程序员的电脑、乐器演奏者的乐器。英国《破产法》规定,破产人的业务工具为豁免财产,但以不超过 250 英镑为限。英国将谋生工具的豁免范围以额度为限制,但是仅从额度加以限制的话可能会过于僵化。如果破产人的职业工具过于昂贵,超出了额度,但是破产人仅能以此谋生,因超过额度而变卖破产人的职业工具则不利于保护破产人的发展权。因此,在考虑破产工具的豁免范围时,应当从不得显著高于同业人员平均标准、以辅助工具为限、高频使用三个方面来合理判断豁免额度。[②]

3. 债务人专属财产

债务人专属财产是指专属债务人或者对债务人具有特殊意义的物品,例如对债务人来说具有特殊使用价值的物品(假肢、人造耳蜗等),对债务人来说具有特殊感情价值的物品(照片、荣誉证书、奖杯、宠物等)。经历了疫情,人们的观念已经发生了极大的转变,如果纯粹将动物视为食品、玩物以及客体和他物,会给人类带来严重的后果,法律和民众都应当深刻反思人类与环境、人类与动物

---

① 李永军:《破产法——理论与规范研究》,中国政法大学出版社,2013 年版,第 594 页。
② 陈本寒、罗琳:《个人破产制度中豁免财产范围规则的本土化构建》,载于《湖北大学学报(哲学社会科学版)》,2021 年第 1 期。

的关系，因此出于非经济目的而豢养或种植的动植物和经济价值不大而精神价值很大的财产应当列为自由财产。[①]

但笔者认为，专属财产的范围不宜过宽，这种特殊的财产如果不加以限制会侵犯债权人的利益。判定这类财产应该遵循以下标准。①此类物品是否具有不可替代性。如果该物品可替代，那么不应该划入自由财产的范围；如果不可替代，那么是否是债务人的合理请求，如果请求合理，应予以保留。②此类物品的价值是否过高。如果价值过高则予以替换，以此来保障债权人的利益。因此，当债权人的物质利益与债务人的精神利益发生冲突时，可以为债权人保留具有不可替代性的特殊意义且在合理价值之内的财产。

二、个人破产免责制度

（一）个人破产免责制度理论基础

传统的破产法着重保护债权人，对债务人实行的是承接主义，对债务人的破产债务不予免除，然而现代破产法不仅保护债权人，也保护债务人，对符合法定条件的债务人进行免责，以此尽快实现债务人重生的目的。[②] 破产免责制度是指依照破产法的规定，在破产程序终结后，如果债务人还有未能清偿的债务，在法定范围内免除其继续清

[①]　刘静、刘崇理：《建立我国个人破产制度若干问题研究》，载于《人民司法》，2020 年第 19 期。

[②]　李永军：《破产法》，中国政法大学出版社，2017 年版，第 5 页。

偿的责任。① 构建个人破产免责制度的核心是为了重建债务人的社会经济能力，促使债务人尽快回归市场经济而产生的。"免责制度产生之前，破产主要是作为债权人执行债权的工具和手段存在的，旨在最大限度地发掘债务人的财产；免责制度出现之后，破产程序的推动主要依靠债务人基于免责可能获得的经济利益。"② 目前，个人破产的障碍主要来自对逃废债务的担忧，理解破产免责的理论基础，是破产免责制度的构建前提。

1. 债务人合作理论

免责是"放在债务人面前的一根胡萝卜，诱使债务人就破产财产的收集、清算等和债权人、托管人合作"③。如果债权人和债务人合作愉快，那么债务人就获得免责；如果债权人和债务人合作不愉快，那么债务人就不可能获得免责。债务人遵守规定配合破产程序就可以增减可供分配的资产的规模，这样可以使债权人受益。④ 早期英国和美国破产免责的主要理论依据就是债务人合作理论。当时破产法的目的仍然是债权人得到最大清偿，并不关注债务人是否能够获得重生。债务人获得免责的话要有一份"遵

① 王欣新：《破产法》（第 4 版），中国人民大学出版社，2019 年版，第 378 页。
② 韩长印：《破产理念的立法演变与破产程序的驱动机制》，载于《法律科学》，2002 年第 4 期。
③ Charles Jordan Tabb. The Scope of the Fresh Start in Bankruptcy: Collateral Conversions and the Discharge ability Debate. *George Washington Law Review*, 1990, 59 (1).
④ Philip Shuchman, An Attempt at a Philosophy of Bankruptcy, *UCLA Law Review*, Vol. 1973 (21).

从证书"，以此来证明债务人遵守了破产法的合作要求。英国 1705 年《破产法》规定，只要债务人合作公示其所有资产，可以保留 5% 的财产并免除破产前债务，但是不合作的债务人如果犯了重罪就要被判处死刑。[①] 美国《破产法典》第 727 条关于完全不予免责的大部分理由都是基于债务人的不合作，这体现了债务人合作理论对美国个人破产立法的深刻影响。[②]

2. 社会效用理论

破产法的基本目的不仅关乎个人利益，也关乎公共利益。当债务人陷入破产困境时，债务人对未来生活感到绝望，这个时候给予债务人免责不仅对债务人个人有利，对整个社会也是有利的。对债务人而言，给予债务人免责可以让债务人从过去的债务中解脱出来，获得自由。对整个社会而言，如果有大量的债务人不能从过去的债务中解脱出来，那么极容易引起社会的不安定，并给金融行业造成麻烦。因此，给予"诚实而不幸"的破产人一个重新生活的机会，不再受先前债务压力和挫折的约束，对债务人来说其对未来有了一个明确的努力方向。作为社会要衡量实现社会效用目标的重要性，以避免出现某些类型的债务。

（二）个人破产免责的获得方式

债务人通过何种方式获得免责是关键的一环。目前，

---

① 曾二秀：《论破产免责》，载于《江海学刊》，2000 年第 3 期。

② 徐阳光：《个人破产免责的理论基础与规范构建》，载于《中国法学》，2021 年第 4 期。

个人破产免责的获得方式主要有三种（见表 6－1）：

表 6－1 个人破产免责的获得方式

获得方式	适用代表国家
当然免责主义	美国
许可免责主义	德国、日本
混合免责主义	澳大利亚

1. 当然免责主义

当然免责主义又称自动免责主义，这里的自动指债务人不需要依靠法院力量，免责考察期届满对剩余债务便没有了清偿义务，不需要其他监督程序就可以获得免责。具体程序是：法院宣告债务人破产—规定免责考察期—免责考察期届满，债务人直接免责。美国是采取当然免责主义的代表性国家。美国规定债务人或利害关系人受免责影响的，有权利在 60 天内（以第一次债权人会议后的时间计算）提出对债务人适用免责的异议。这 60 天是一个异议期，如果在这个异议期没有人提出异议，债务人就自动获得免责，根本不需要法院的许可。

此外，我国台湾地区获得免责的方式也是当然免责主义。当已经经过协调或者通过了破产程序中的和解、重整或者清算程序，债务人受偿后，剩余债务人不能清偿的部分，债权人就不再有债权请求权。因此，我国台湾地区适用的是破产当然免责，认为债务人当然享有免责的权益，而无须法院的许可。

2. 许可免责主义

许可免责的概念是相对于当然免责而言的。因此，许可免责需要许可，这个许可是法院的许可，获得了法院的许可就可以免责，以法院是否许可为要件。在大陆法系国家，德国和日本是适用许可免责主义国家的代表。例如，德国破产法规定的免责条款的适用是基于债务人的申请，而债务人最终是否适用免责由对债务人的行为进行审查后的结果决定。日本免责的获得方式也是经法院许可。根据日本破产法规定的免责条款，债务人获得免责需要向法院提出申请，具体程序是债务人提出申请—法院根据相关程序审查—法院根据审查结果做出裁定：债务人符合条件，免责（债权人和利害关系人可提出异议）；债务人不符合条件，不免责。目前，许可免责模式是世界上大多数国家普遍采用的。

3. 混合免责主义

循名责实，混合免责主义就是将以上两个主义进行混合，既有当然又有许可，两者兼顾。目前适用混合免责主义的代表国家为澳大利亚。澳大利亚法律规定，债务人经过破产程序宣告破产之后，根据法律 3 年之后就自动获得免责条款的适用，但是债务的利害关系人可以提出反对意见。当债务人对破产程序和债务清偿有积极主动的意向，且没有法律规定的消极条件时，6 个月后可以向法院申请提前免责，也就是许可免责。① 具体程序为法院宣告破产：积极偿还债务，6 个月后申请免责（即法院许可免责）；3 年后自动免责（可提出异议）。

4. 当然免责主义与许可免责主义之比较

当然免责主义不需要法院审核，债务人考察期届满就自动免责，更多地倾向于对债务人利益的保护；许可免责主义更加严苛，考察期届满不能免责，需要法院审核，符合条件即免责，否则不予免责，更多地在债权人和债务人的利益之间权衡。事实上，当然免责也好，许可免责也好，都对债务人有积极或消极的程序限制，异议程序就是其中的一项，当债权人或其他利害关系人认为债务人存在不予免责事由，给予债务人免责损害了自身利益时，就可以针对此问题向法院提出异议，如果法院经审查，认为债务人确实不符合免责条件，就会撤销对债务人的免责，恢复强制执行。许可免责在异议程序之前还增加了法院对许可审查的程序，相对而言，许可免责更加严苛。此外，即使债务人获得免责，免责的效力也有一定的限制，可能会被法院撤销。

对当然免责主义和许可免责主义究竟谁更胜一筹，学界普遍存在争议。持许可免责主义更优的观点的人认为：获得方式适用当然免责主义需要依赖完善的配套制度，而针对与传统的文化观念和配套制度，多数国家都不能满足

---

① 张卫：《澳大利亚自然人破产法律制度研究》，载于《海南大学学报（人文社会科学版）》，2002 年第 2 期。

当然免责主义的要求。[①] 一方面，当然免责主义对免责制度的贯彻不够彻底；另一方面，当然免责主义不利于对滥用免责制度的防范。当然免责主义不需要在免责考察期后再向法院提交免责申请，实际上这脱离了法院的监督；根本不需要法院监督，时间届满债务人就丧失请求权，这一制度有可能会被债务人滥用。当债务人陷入破产危机，不能清偿债务时，因为有当然免责主义的适用而不需要提交任何申请，容易引发道德风险，有悖公平受偿的原则，而且适用当然免责主义发生债务纠纷的可能性较高。我国台湾地区支持当然免责主义，理由是：首先，基于对债务人的同情，债务人陷入巨额债务是其人生的不幸，要将债务人从这个不幸的境地中拯救出来，当然免责主义更适于其破茧重生；其次，对债权人来说，在债权债务关系的处理中，多为侧重保护债权人，债权人已经有足够的保护，应当匀出一部分程序来保护债务人；最后，如果不适用当然免责主义，非债务人的免责可能随时被撤销，恢复强制执行程序来执行其未清偿的债务，未免过于残酷。[②]

综上，有学者认为，我国应该采用当然免责主义的立法模式，可以参照美国的立法模式，在当然免责制度下规定一个异议期间，如果在这个异议期内债权人或者代表债权人利益的破产管理人没有提出异议，那么债务人就获得

---

① 徐阳光：《个人破产免责的理论基础与规范构建》，载于《中国法学》，2021 年第 4 期。

② 韩中节、高丽：《破产免责制度立法模式的比较考察及借鉴》，载于《法学杂志》，2010 年第 10 期。

当然免责。^① 自动免责更加尊重债务人的人格，从而鼓励债务人积极运用破产制度实现重生，有利于保护债务人的生存权和人格尊严。^② 反对者则认为适用许可免责主义是上上之选^③，这样更符合我国的国情。更有学者提出应该将当然免责主义和许可免责主义结合起来，认为我国应该适用混合免责主义。这样在滥用破产免责制度的防范上便有了更优解^④，而且许可免责程序并没有实际的审查意义。^⑤

笔者认为，当然免责主义侧重于保障债务人的权益，许可免责主义的重点是寻求债权人和债务人之间利益的平衡点。两者各有侧重，各有优势。但是将两者结合起来并非完美的选择。混合免责制度对某些情况是不用审核的，哪些情况不用审核，哪些情况需要严格审核，时代在变化，法律对此是不可能穷尽列举的。当法律对某些情况没有考虑到的时候，当然免责主义和许可免责主义孰优孰劣，各个法官的适用可能不一，从而造成不公平现象。然而，我国也不适用当然免责主义，原因如下。首先，当然免责依赖于完善的配套设施，而我国目前的征信体系和监

---

① 李永军：《论破产法上的免责制度》，载于《政法论坛》，2000 年第 1 期。
② 丁燕：《破产免责制度的合宪性考察》，载于《中国法律评论》，2020 第 6 期。
③ 邹海林：《破产程序和破产法实体制度比较研究》，法律出版社，1995 年版。
④ 张叶东、王智伟：《家族信托破产隔离功能滥用的法律规制——兼议信托法和个人破产制度的协调》，载于《南方金融》，2020 年第 8 期。
⑤ 刘静：《个人破产制度研究——以中国的制度构建为中心》，中国检察出版社，2010 年版，第 233 页。

督体系都不够完善，对债务人的监督很可能不到位，会诱发道德风险。其次，自动免责意味着债务人获得免责的门槛比较低，对金融机构来讲，其就会承受很大的压力，金融机构对债务人资金的出贷就会变得更加审慎，使债务人面临无法获得融资的困境，经济发展也会因此变得缓慢，从而影响整个社会的发展。最后，针对我国台湾地区适用当然免责主义的三点理由，笔者认为只能归为一类理由，即对债务人的保护倾斜。对债务人适用免责主义，已经是债权人做出的很大的让步，然而还适用当然免责，无异于得寸进尺，让债权人牺牲自己的利益来成全债务人，有道德绑架的嫌疑。

因此，笔者认为我国应适用许可免责主义。第一，目前我国部分债务人的道德诚信比较缺乏，如果适用当然免责容易诱发道德风险，而许可免责能够建立一道屏障，将逃废债行为隔离在屏障之外。免责审查程序并非没有意义。第二，当然免责设立异议期，在异议期内债权人及其他利害关系人可以提出异议，而许可免责将是否免责的决定权交予客观中立的法院，更能体现公平。第三，如前文的实践经验总结，我国试点地区也设置了许可免责的门槛以保障各项制度的顺利推进。可见我国的司法实践也将是否免责的决定权交予法院，这是符合我国国情的。综上所述，我国应适用许可免责主义的立法模式。

（三）个人破产免责的例外情形

综合考察个人破产免责制度的各国规定，免责制度并不适用于债务人所有的债务，该制度对债务人的债务类型进行了分类，划定了不予免责的债务范围。从各国立法经验来看，不予免责的债务主要包括：税收债务、政府罚款和其他制裁、婚姻家庭债务、学生教育贷款。

1. 税收债务

美国《破产法》第 523 条规定的不能免责的债务第一条就是税款，日本《破产法》第 366 条第 12 款规定的不能免责的第一项也是租税。在我国深圳债务人所欠税款也被认为不得免除。税款被列为破产免责例外的主要原因是税收被认为是公民支持社会的一项基本义务，对债务人所欠的税款进行免责，一定程度上免除了债务人对整个社会的基本责任。[①] 基于对公共利益的考量，各国普遍将税收定位为破产免责的例外。

笔者认为，税收应该适用破产免责，不应被排除在免责之外。首先，税款是由税务部门收取的，税务部门应该积极履行自己的职责及时收缴税款，当债务人宣告破产时再来追缴税款，是否是税务部门怠于行使权力导致的呢？其次，当普通债权人都因为要保障债务人的生存权和发展权对自身的债权做出让步时，更强大的政府机器却要优先行使债权的清偿，是否是因为法律的制定者是国家，从而将国家的债权不纳入免责范围呢？[②] 最后，税收往往是债

---

① 世界银行自然人破产处理工作小组起草：《世界银行自然人破产问题处理报告》，殷慧芬、张达译，中国政法大学出版社，2016 年版，第 147 页。

② 查尔斯·J. 泰步：《美国破产法新论》（第三版），韩长印等译，中国政法大学出版社，2017 年版，第 1003 页。

务人最大的负债，如果坚持对税收进行清偿，会使债务人仍然处于高额债务中，无法尽快脱身。对税收债务进行豁免，可以帮助债务人尽快获得重生，对中小企业家而言，可以让他们尽快回归市场经济，长远来看，能够更好地为国家创造更大的税收。

因此，在个人破产清算程序中，应该对不能清偿的税收债务进行免责，且税收的清偿顺序应该与普通债权同一顺位或者排在普通债权之后，以国家机器保障债务人的重生。在个人破产重整程序中，税收应该进行让渡，当偿还了其他债务还有余款时再对税收进行清偿，或者在重整计划中延期清偿税收，以此来保证债务人能够通过重整程序获得新生。

2. 政府罚款和其他制裁

从各国的立法情况来看，政府罚款和其他制裁被普遍认为是不予免责的。如美国破产法规定的通过诈骗获得的金钱不能免责。在我国，深圳则规定因违法或者犯罪行为而产生的罚金不在免责范围内。不仅是刑事责任，因欺诈、故意侵权而导致的民事债务也不应该予以免责。

笔者赞同对于此类债务不予免责。笔者认为破产免责救济的是良性债务人，债务人破产是因为资金运转超出了债务人的控制以及不稳定的社会经济条件，是"不幸"的，而债务人的自身行为没有问题，经得住推敲。但是政府罚款和其他制裁类的债务主要是因为债务人不遵守公共规则导致的。① 法律已经是道德的底线，而债务人不仅没有拔高自身的道德，还触碰道德底线，以致被法律惩戒。从这个角度来说，这样的债务人行为不是良性的。破产的目的是帮助债务人摆脱因客观原因导致的财产债务危机，是基于对"诚实"债务人的保护而做出的法律价值衡量，并不是任何债务都能许以免责的效力。如果对此类遭受惩罚而产生的债务毫无底线地给予免责，那么此类惩罚对债务人来说就无关痛痒，无法对债务人起到教育作用，对社会其他参与者也无法起到警示作用，长此以往，会对社会秩序的稳定造成不可逆的影响，有悖破产免责设立的初衷，也与破产免责主体的准入条件冲突。因此，不应对此类债务进行免责，以免助长不良债务人的嚣张气焰。

3. 婚姻家庭债务

多数国家的立法都规定婚姻家庭类债务不应该免除，如美国、日本都规定有扶养关系的赡养扶养抚育费不在债务免责范围内。在我国，深圳的实践也将赡养扶养抚育费放在免责的范围之外。

笔者认为，婚姻家庭类债务不应给予免责。家庭是人类社会生活的基本单位，家庭具有举足轻重的地位。虽然当今社会不如传统社会那样讲究家族传承的重要，但是除开大家族，小家庭在每个人的生活中也扮演着重要的角色。对有扶养关系的家庭成员的赡养、扶养、抚育是一个

① 世界银行自然人破产处理工作小组起草：《世界银行自然人破产问题处理报告》，殷慧芬、张达译，中国政法大学出版社，2016年版，第146页。

人应当承担的家庭责任，不管是伦理道德还是法律规定，对赡养扶养抚育费都给予了充分的认可与肯定。婚姻家庭债务是基于债务人人身属性的家庭责任，而不是破产法所关注的市场责任。从这个角度来说，家庭责任和破产法所关注的市场责任扯不上关系，破产法不调整非市场责任。人存在于社会最基本的责任就是婚姻家庭责任，如果将债务人的婚姻家庭债务予以免除，那么他的赡养、扶养、抚育的义务就被免除，也就免除了债务人生而为人最基本的责任，是对公序良俗的违背。此外，债务人对有扶养关系的人免除了责任，那么，债务人的责任就在悄然中发生转移，有可能就转移到其他家庭成员身上或者转移给社会，也有可能在无形中侵害了家庭成员的生存权和发展权。因此，此类债务不应免责。

4. 学生教育贷款

对学生的教育贷款是否免责，各国立法有所不同。美国破产法第 523 条第 8 款规定对学生的教育贷款不予免责。英国规定从 2004 年 9 月 1 日开始，将有关学生的贷款债务踢出免责的范围。我国的司法实践《深圳经济特区个人破产条例》对教育贷款是否免责没有规定。

我国的教育贷款分为商业助学贷款和国家助学贷款。笔者认为，商业助学贷款是有担保的，性质可以类比为企业家为了融资向银行申请的贷款，因此，这类贷款应该与其他债权一样，当所有债务都清偿不能时，可以免责。然而我国的国家助学贷款是公益性的，政府给予了银行补贴，是专门针对生活困难学生的，在贷款发放之初便具备了公益性质，这类贷款不需要担保，并且在学生毕业之后才开始计算利息，在贷款时已经享受了国家层面的优惠，如果再将其列入破产免责的范围可能欠妥。如果债务人破产，可以适当作出让渡，免除教育贷款的利息。

综上所述，对学生的教育贷款是否免责，笔者认为，商业性的助学贷款可以归入免责范围，而国家助学贷款应该排除在破产免责之外，当债务人破产时，可免除利息，但仍需归还本金，因为本身已经具备公益性质的助学贷款，若再次适用免责制度的救济，同一笔钱款就享受了两次社会福利待遇，有悖公平原则。

三、失权复权制度

"失权是被作为'类概念'使用的，是对权利被限制或剥夺这一类现象进行概念的构词"[1]，是"对债务人的某种权利或资格在一定期限内予以剥夺"[2]。失权制度主要包括三个方面的内容：一是债务人应当积极就业，二是限制债务人的高消费及任职资格，三是公告失权人名单。如果债务人被发现有违反失权制度的情况，经法院查实后可裁定不予免除其清偿剩余债务的责任。[3] 建立失权制度主要是为了对债务人进行警示和教育，促使债务人积极创

---

[1] 彭益鸿：《论失信被执行人失权》，载于《中山大学法学评论》，2017年第1期。

[2] 聂晶：《社会治理视域下我国破产清偿民间习俗的价值探究》，载于《河北法学》，2020年第9期。

[3] 刘冰：《论我国个人破产制度的构建》，载于《中国法学》，2019年第4期。

业摆脱困境，同时也是为了平衡债权人的心态。个人复权制度与个人失权制度相对应，主要指债务人在满足一定条件后即可以恢复其失去的权利。[①] 复权是恢复其固有权利的制度。[②] 复权是失权的终点，也是人权的回归。[③] 破产人不可能终身失权，不然就违背了现代法治的人权精神。

（一）失权制度

1. 失权制度的特征

（1）失权针对自然人

失权制度是一种惩罚性制度[④]，是对债务人一些权利和资格的限制与剥夺[⑤]。失权制度对债务人的信用权益进行限制，例如不能进行高消费、禁止从事某项职业等。而法人被列为破产人时，因为法人破产清算后被注销而失去民事主体资格，因此无法对法人限制公、私法上的权利或者资格。所以，法人不能成为失权制度限制的对象。但是，法人的董事、经理等人有时可能在法人破产后承担像个人破产一样的失权后果。

（2）失权具有惩罚性质

古罗马时期的债务人破产有可能会被奴役、出卖甚至

---

① 王卫东、刘昌忠：《我国个人破产的司法实践及其制度建构》，载于《山东法官培训学院学报》，2020 年第 4 期。

② 陈宗荣：《破产法》，三民书局，1986 年版，第 385 页。

③ 汤维建：《论破产法上的复权制度》，载于《法学家》，1996 年第 5 期。

④ 陈育：《个人信用与个人破产制度法律关系的分析——兼论我国建立个人破产制度的现实意义》，载于《财经科学》，2009 年第 8 期。

⑤ 汤维建：《论破产法上的复权制度》，载于《法学家》，1996 年第 5 期。

斩杀，而随着人类文明的发展，破产有罪论转变为破产无罪论，代替惩戒的制度就变成了破产失权制度。破产人面临破产，一般会存在经营能力、管理水平等方面的不足，从而给整个社会的财富带来亏损。因此，对破产人的身份、权利、资格进行限制，是让破产人对社会负起责任，体现一种对破产人的惩戒，加强对破产人的警示教育作用。前文所举我国首例个人破产案件就对债务人蔡某签发了行为限制令，禁止蔡某在信用恢复前做出特定的消费行为，并对其工作任职作了限制。

（3）失权具有可恢复性

失权复权制度是相伴而生的，有失权制度，就一定有复权制度，这是对债务人人权的保障。尽管各国对破产复权的规定大不相同，但是失权的最终归宿还是复权制度，当债务人失权达到一定的期限或者一定的条件时，就会恢复其权利。

2. 失权的立法模式

破产法上所谓的失权亦称人格贬损，是指破产人因破产宣告所受的破产程序以外的公私权利限制或者资格限制。[①] 失权有两种立法例：当然形成主义和裁判形成主义。当然形成主义依赖个人破产的事实，裁判形成主义更多的是根据法律和债务人的主观过错。

有观点认为我国失权制度应该适用当然形成主义。首先，破产法立法的根本原则还是打击破产欺诈，保护债权

---

① 王惠：《论破产复权制度》，载于《当代法学》，2002 年第 6 期。

人利益，采用当然形成主义能够有效满足社会经济生活对安全的需求。其次，从宣告破产到破产程序终结是一个很长的时间段，这个时间里破产人在积极寻求其他职业的工作时应该有失权制度对破产人的权利或者资格进行限制，如果没有失权限制的话，便违背了失权制度设立的初衷。最后，应该由复权制度来解决失权与破产人的主观恶性、破产清偿的比例等因素相关的问题。另外有学者认为，我国应采用裁判形成主义。首先，纵观破产法的历史，失权并不是破产的本质属性，并不必然是各国破产法的一致选择。即使在实施失权制度的国家，也并不认为每一个破产人都会面临失权的限制。其次，失权本身就具有附属性、制裁性的特点，是为了加重破产人的责任而设定的，应该对失权的程度根据破产人的主观恶性、债务清偿的比例综合判定，适用当然形成主义是没有程度区分的，显然不合适。

第一种观点认为打击破产欺诈是破产法的根本原则，将失权制度建立在失权的惩罚主义之上，单纯地将失权制度视为对债务人的处罚手段，已经违背了破产法的性质。笔者赞同第二种观点，我国更适用裁判形成主义。相较于当然形成主义，裁判形成主义更谨慎，更有利于对破产人的保护。个人破产制度的根本目的是使债务人摆托债务危机，获得重生，因此，适用裁判形成主义的失权模式更有利于此目的的实现。

（二）复权制度

1. 复权制度的功能

复权制度的核心功能就是对失权制度过度使用的限制，这样才能体现现代法治对人权的保障。任何一个破产人都不会永久失权，当达到一定的期限或者条件后其权利或者资格就会恢复。

对债务人来说，复权制度的存在使债务人有更大的动力敦促自己脱离债务压力的深渊，获得恢复正常生活，重新融入社会的机会。如果只有失权制度而没有复权制度，那么失权制度就仅仅是对债务人的惩罚，使债务人没有重生的机会，侵犯了债务人的人权。从破产法的发展来看，破产从"破产有罪"到破产无罪的观念转变，正是对人权的尊重，复权制度正是以此为基础诞生的。

对债权人来说，债务人宣告破产，债权人就得不到充分的清偿，债权人对债务人的态度应该是不喜的，设立失权制度限制债务人的权利和资格，可以平衡债权人的心态。而复权制度有助于债权人摆脱对债务人的仇视态度，正视自己投资失败的事实和权利的有限性，给债务人一个重生的机会，这样有助于社会安定，促进经济的快速流动。

2. 复权的立法模式

复权制度并不是单一的模式，而是有三种模式：当然复权模式、申请复权模式、混合复权模式。以当然复权模式为主，申请复权模式为辅。当然复权模式指当破产程序终结后，只要破产人满足一定的条件就可以自动解除对权利的限制，不需要法院的许可。英国是当然复权模式的代表国家。[①]申请复权模式指当破产程序终结后，债务人先向法院提出申请，经过法院审查，最后法院许可后，债务人才可以恢复权利。在这个过程中法院扮演着审查者和许可者的角色。[②]如法国《破产法》第 171 条规定："破产人全额清偿对破产债权人的所有债务本息以及费用或者通过其他方式消灭了债务时，可以向法院申请复权。"混合复权模式的代表国家是日本。日本《破产法》第 336 条规定于下列情形当然复权：①免责决定确定时；②强制合议认可决定确定时；③依第 347 条规定的申请，破产废止的决定确定时；④破产人在破产宣告后，未受欺诈破产之有罪确定判决且已经过 10 年时。日本《破产法》规定申请复权必须以清偿或者其他方式了结了对债权人的全部债务为前提。

当然，复权的优势在于当事人在失权与复权事项上的可预见性与自我控制性得以增强，复权程序更为简捷，提升了复权的效率，这对债务人更有利，更符合现代破产法的价值取向。但是，对于某些信用度低下的债务人，也助长了其欺诈债权的行为，破坏了市场经济的正常运行。而许可复权主义增加了法院介入、监督的环节，对复权的要

---

① 邹海林：《破产程序和破产法实体制度比较研究》，法律出版社，1995 年版，第 405 页。

② 王欣新：《破产法》，中国人民大学出版社，2002 年版，第 300 页。

求更为严格，有利于筛选出不诚信债务人，避免给予其复权的认定，切实保障债权人权益，实现债务清理程序当事人之间权利的平衡。看起来许可复权主义似乎更为合适，但是许可复权主义只有通过裁判才能复权，条件更为苛刻，不利于债务人的重生。

笔者认为，我国应采用混合主义的模式适用复权制度。法官在裁定失权时就根据债务人的主观恶债务的金额以及清偿的比例等综合考察。例如，申请复权的模式适用清偿全部债务等这种无明确期限的情况，复权模式就适用有明确期限的情况。①

3. 复权的条件

（1）清偿或和解

失权制度的设立目的有三：一是对债务人的惩戒作用，因为债务人无法清偿对债权人的债务，就不得不失去一定的权利或资格；二是对债务人起到警示作用，如果债务人不积极履行清偿义务，就会陷入失权困境，这样就会促使债务人对债权人实现积极清偿；三是对债务人的督促作用。对已经陷入失权困境的债务人来说，只有积极清偿，履行责任，才可以早日复权，解除惩戒。因此，如果债务人已经清偿了全部债务，应该对其复权。而如果债务人已经和债权人达成和解，那么法院对债务人限制权利是没有立场的。

---

① 汤维建：《论破产法上的复权制度》，载于《法学家》，1996年第5期。

（2）满足一定年限

如何确定破产人的失权年限，每个国家、地区都有不同的规定。法国规定了 5 年的失权期限，日本规定了 10 年的失权期限。在我国，台湾地区规定了 3 年的失权期限，香港地区规定了 4 年的失权期限，而有过破产经历的人延长为 5 年，温州中院出台的《个人债务清理意见》第 34 条明确破产人无清偿行为的失权年限应该为 3～6 年。通过借鉴各个国家、地区的经验，笔者认为，我国设立的一般的失权年限应该在 5 年左右，特殊情况下最长的失权年限应该不超过 8 年。

（3）清偿部分债务并满足一定年限

债务人已经清偿了部分债务，而且债务人的失权也有一定的年限，这时候对债务人进行复权可以帮助债务人积极履行清偿异议，更早地获得重生。例如：债务人清偿所欠债权人的债务达到 80％以上，自人民法院裁定免责之日起两年后；债务人清偿所欠债权人的债务达到 60％以上，不足 80％，自人民法院裁定免责之日起 4 年后。[1]

---

[1] 卢林：《深圳经济特区个人破产条例草案建议稿附理由》，法律出版社，2016 年版，第 310 页。

参考文献

一、学术著作

查尔斯·J.泰步：《美国破产法新论》（第 3 版），韩长印等译，中国政法大学出版社，2017 年版。

陈丽君、曾尔恕：《外国法律制度史》，中国政法大学出版社，1997 年版。

陈宗荣：《破产法》，三民书局，1986 年版。

程品方：《人民法院企业破产审判实务疑难问题解析》，法律出版社，2016 年版。

E.博登海默：《法理学：法律哲学与法律方法》，邓正来译，中国政法大学出版社，2017 年版。

费奥娜·托米：《英国公司和个人破产法》，汤维建、刘静译，北京大学出版社，2010 年版。

郭明瑞、仲相、司艳丽：《优先权制度研究》，北京大学出版社，2004 年版。

何炯珉、荣文华、刘鸿翔：《浅谈建立破产援助基金设计及畅想》，《破产法论坛（第十七辑）》，法律出版社，

2020 年版。

黄茂荣：《法学方法与现代税法》，北京大学出版社，2011 年版。

莱因哈德·波克：《德国破产法导论》（第六版），北京大学出版社，2014 年版。

雷霆：《资本交易税务疑难问题解析与实务指引》，法律出版社，2016 年版。

李飞：《当代外国破产法》，中国法制出版社，2006 年版。

李雅琴：《平等的法学阐释》，河北人民出版社，2010 年版。

李永军：《破产法》，中国政法大学出版社，2017 年版。

李永军：《破产法——理论与规范研究》，中国政法大学出版社，2013 年版。

李永军：《破产法律制度》，中国法制出版社，2000 年版。

刘剑文、熊伟：《税法基础理论》，北京大学出版社，2004 年版。

刘剑文等：《财税法总论》，北京大学出版社，2016 年版。

刘静：《个人破产制度研究——以中国的制度构建为中心》，中国检察出版社，2010 年版。

刘敏：《实践中的商法》，北京大学出版社，2011 年版。

龙光伟：《深圳破产审判年刊 2019》，人民法院出版社，2019 年版。

卢林：《深圳经济特区个人破产条例草案建议稿附理由》，法律出版社，2016 年版。

陆晓燕：《"市场化破产"的法治内蕴》，法律出版社，2020 年版。

潘琪：《美国破产法》，法律出版社，1999 年版。

渠涛：《最新日本法》，法律出版社，2006 年版。

沈达明：《法国、德国担保法》，中国法制出版社，2000 年版。

石川明：《日本破产法》，何勤华、周桂秋译，上海社会科学出版社，1995 年版。

石静遐：《跨国破产的法律问题研究》，武汉大学出版社，1999 年版。

世界银行破产处理工作小组：《世界银行自然人破产问题处理报告》，殷慧芬、张达译，中国政法大学出版社，2016 年版。

汤维建：《破产程序与破产立法研究》，人民法院出版社，2001 年版。

汪世虎：《公司重整中的债权人利益保护研究》，中国检察出版社，2006 年版。

王欣新：《破产法》（第 4 版），中国人民大学出版社，2019 年版。

王欣新：《破产法理论与实务疑难问题研究》，中国法制出版社，2011 年版。

文秀峰：《个人破产法律制度研究——兼论我国个人破产制度的构建》，中国人民公安大学出版社，2006年版。

我妻荣：《债权在近代法中的优越地位》，王书江、张雷译，中国大百科全书出版社，1999年版。

徐阳光：《中国破产审判的司法进路与裁判思维》，法律出版社，2018年版。

徐战成：《企业破产中的税收法律问题研究——以课税特区理论为指导》，法律出版社，2018年版。

叶世清、梁伟亮：《企业破产重整中优化税收政策的进路探究》，《破产法论坛（第十七辑）》，法律出版社，2020年版。

伊藤真：《破产法》，刘荣军等译，中国社会科学出版社，1995年版。

尹正友、张兴详：《中美破产法律制度比较研究》，法律出版社，2009年版。

尹正友：《企业破产与政府职责》，法律出版社，2010年版。

周枬：《罗马法原论》，商务印书馆，1996年版。

邹海林：《破产程序和破产法实体制度比较研究》，法律出版社，1995年版。

二、学术论文

蔡嘉炜：《个人破产立法与民营企业发展：价值与限度》，载于《中国政法大学学报》，2019年第4期。

蔡晓荣：《从负债应偿到破产免责：破产债务清偿责任衍进的中国法律史叙事》，载于《法学家》，2013 年第 6 期。

曹文兵：《破产案件审理过程中司法权与行政权的边界》，载于《湖北民族学院学报（哲学社会科学版）》，2018 年第 1 期。

曾二秀：《论破产免责》，载于《江海学刊》，2000 年第 3 期。

陈本寒、罗琳：《个人破产制度中豁免财产范围规则的本土化构建》，载于《湖北大学学报（哲学社会科学版）》，2021 年第 1 期。

陈唤忠：《预重整制度的实践与思考》，载于《人民司法》，2019 年第 22 期。

陈萌：《遵循市场化、法治化原则构建破产处理的府院协调机制》，载于《人民法院报》，2019 年 3 月 21 日。

陈夏红：《近代中国的破产法制及其命运》，载于《政法论坛》，2010 年第 2 期。

陈育：《个人信用与个人破产制度法律关系的分析——兼论我国建立个人破产制度的现实意义》，载于《财经科学》，2009 年第 8 期。

陈政：《破产债权清偿顺序问题研究——以权利冲突及其解决为视角》，西南政法大学博士学位论文，2014 年。

丁燕：《破产免责制度的合宪性考察》，载于《中国法律评论》，2020 年第 6 期。

董士忠：《法院指定管理人制度的不足与完善》，载于《安阳工学院学报》，2011 年第 5 期。

范丰盛：《我国预重整模式的检视及制度构建》，载于《上海法学研究》，2021 年第 9 卷。

龚佳慧：《论府院联动机制的构建》，载于《公司法律评论》，2019 年第 19 期。

顾敏康：《信用修复对破产重整企业的意义》，载于《中国市场监管报》，2021 年 6 月 19 日。

韩长印：《破产理念的立法演变与破产程序的驱动机制》，载于《法律科学》，2002 年第 4 期。

韩中节、高丽：《破产免责制度立法模式的比较考察及借鉴》，载于《法学杂志》，2010 年第 10 期。

胡利玲：《论个人破产中豁免财产范围的确定》，载于《经贸法律评论》，2019 年第 4 期。

胡利玲：《预重整的目的、法律地位与性质——基于对我国预重整地方实践的反思》，载于《东方论坛》，2021 年第 4 期。

黄坚：《企业破产涉税法律问题研究》，载于《法制与社会》，2021 年第 15 期。

黄贤华：《关于我国设立破产管理机构的思考——以 IAIR 成员破产管理机构为参照》，载于《中南民族大学学报（人文社会科学版）》，2017 年第 5 期。

黄贤华：《破产管理人对府院协调机制的弥合作用》，载于《中国注册会计师》，2020 年第 3 期。

金花：《企业家精神也是生产力》，载于《人民日报

（海外版）》，2019 年 11 月 14 日。

金礼才：《企业破产重整中的税收问题探讨》，载于《财经界（学术版）》，2016 年第 19 期。

李刚、郑晶晶：《有关税收优先权的司法案例实证分析——兼评〈税收征管法修订草案〉（征求意见稿）相关条文》，载于《税务研究》，2020 年第 7 期。

李柯奇：《典型税务司法审判案件对修订〈税收征管法〉的启示》，载于《税务研究》，2020 年第 7 期。

李曙光：《通过破产制度实现"僵尸企业"的破产出清》，载于《社会科学动态》，2019 年第 1 期。

李曙光：《我国企业重整制度亟待梳理》，载于《资本市场》，2012 年第 4 期。

李永军：《论破产法上的免责制度》，载于《政法论坛》，2000 年第 1 期。

李玉生：《中国古代法与现代民法债和契约制度的比较研究》，载于《法学家》，2005 年第 5 期。

林平：《征信市场发展：国际趋势、我国的差距与对策》，载于《南方金融》，2016 年第 10 期。

刘冰：《论我国个人破产制度的构建》，载于《中国法学》，2019 年第 4 期。

刘恒：《执行视角下的个人破产制度研究》，载于《社会科学动态》，2019 年第 5 期。

刘惠明、牟乐：《新型企业拯救模式：预重整制度》，载于《财会月刊》，2021 年第 11 期。

刘静、刘崇理：《建立我国个人破产制度若干问题研究》，载于《人民司法》，2020年第19期。

刘鹏：《秦简牍所见居赀赎债问题再探》，载于《北京社会科学》，2021年第8期。

刘秋英：《论破产重整企业的信用修复》，载于《广西质量监督导报》，2020年第8期。

娄敏：《"有限"与"无限"之间：摊还规则的偿债逻辑——以江津县债务类司法档案为中心》，载于《中国经济史研究》，2018年第2期。

陆晓燕：《"府院联动"的建构与边界——围绕后疫情时代市场化破产中政府定位展开》，载于《法律适用》，2020年第11期。

罗琳：《论个人破产制度中自由财产处分"自由"的限制》，载于《湖北社会科学》，2020年第11期。

南单蝉：《破产重整企业信用修复研究》，载于《上海金融》，2016年第4期。

聂晶：《社会治理视域下我国破产清偿民间习俗的价值探究》，载于《河北法学》，2020年第9期。

潘幼亭、朱晋华：《适度司法干预下的预重整程序》，载于《人民司法》，2021年第16期。

彭旭林：《我国破产债权例外制度研究：范围厘定与顺位优化》，四川师范大学硕士学位论文，2015年。

彭益鸿：《论失信被执行人失权》，载于《中山大学法学评论》，2017年第1期。

乔博娟：《企业破产重整税收优惠政策研析》，载于《税务研究》，2014年第3期。

邱柳：《浅析我国个人破产制度构建之自由财产制度》，载于《学理论》，2009 年第 16 期。

桑杰侃卓：《"吾兰道沫"：青海果洛藏族地区的一种特殊破产形式》，载于《攀登》，2002 年第 6 期。

石干一、黄梅：《试论设立破产法庭的意义及发展路径》，载于《西部学刊》，2021 年第 12 期。

宋晓明、张勇键、刘敏：《〈关于适用企业破产法若干问题的规定（一）〉的理解与适用》，载于《人民司法》，2011 年第 21 期。

孙笑侠：《司法权的本质是判断权：司法权与行政权的十大区别》，载于《法学》，1998 年第 8 期。

汤维建：《论破产法上的复权制度》，载于《法学家》，1996 年第 5 期。

汤维建：《破产概念新说》，载于《中外法学》，1995 年第 3 期。

唐学兵：《建立个人破产制度：畅通"执行不能"案件的退出机制》，载于《人民法院报》，2018 年 12 月 19 日。

陶乾：《意大利破产和解制度的发展及经验借鉴》，载于《社会科学战线》，2016 年第 10 期。

王岑、李雄、丁瑞琦：《优化府院联动机制，合力推进破产审判》，载于《人民法院报》，2018 年 5 月 31 日。

王惠：《论破产复权制度》，载于《当代法学》，2002 年第 6 期。

王巨新：《清朝前期的商欠案及其解决》，载于《安徽史学》，2007年第5期。

王康：《我国预重整制度的归位运行》，载于《上海法学研究》，2021年第9卷。

王黎明：《破产财产构成要件研究》，载于《洛阳师范学院学报》，2004年第4期。

王卫东、刘昌忠：《我国个人破产的司法实践及其制度建构》，载于《山东法官培训学院学报》，2020年第4期。

王为东：《破产免责制度的历史考察》，载于《中国市场》，2007年第35期。

王欣新、李江鸿：《破产法制中司法权与行政权关系探析》，载于《政治与法律》，2008年第9期。

王欣新：《府院联动机制与破产案件审理》，载于《人民法院》，2018年2月7日。

王欣新：《建立市场化法治化的预重整制度》，载于《政法论丛》，2021年第6期。

王欣新：《立案登记制与破产案件受理机制改革》，载于《人民法院报》，2012年2月8日。

王欣新：《论破产案件受理难问题的解决》，载于《法律适用》，2011年第3期。

王欣新：《论破产法市场化实施的社会配套法律制度建设》，载于《人民法院报》，2017年6月14日。

王欣新：《论破产立法中的经济法理念》，载于《北京市政法管理干部学院学报》，2004年第2期。

王欣新：《税收破产债权确认中破产法与税法的适用

选择》，载于《人民法院报》，2021年6月17日。

王欣新：《营商环境破产评价指标的内容解读与立法完善》，载于《法治研究》，2021年第3期。

王欣新：《用市场经济的理念评价和指引个人破产法立法》，载于《法律适用》，2019年第11期。

王欣新：《预重整的制度建设与实务辨析》，载于《人民司法》，2021年第7期。

王雄飞、李杰：《破产程序中税收优先权与担保物权的冲突和解决》，载于《法律适用》，2018年第9期。

王雪丹：《关于二元经济体制对个人破产制度影响的思考——兼与朱涛博士商榷》，载于《前沿》，2010年第12期。

王雪梅：《官方与民间合力，制定法与习惯法并用——清末民初债务问题的解决途径与方式探析》，载于《四川师范大学学报（社会科学版）》，2012年第6期。

王佐发：《预重整制度的法律经济分析》，载于《政法论坛》，2009年第2期。

魏新璋：《破产审判与"僵尸企业"处置的实践探索与思考——以衢州法院加大"僵尸企业"司法处置力度助推供给侧改革为观察点》，载于《法治研究》，2017年第2期。

温辉：《责任政府：内涵、形式与构建路径》，载于《法学杂志》，2012年第4期。

熊伟、王宗涛：《中国税收优先权制度的存废之辩》，载于《法学评论》，2013年第2期。

熊伟：《作为特殊破产债权的欠税请求权》，载于《法学评论》，2007 年第 5 期。

徐国栋：《罗马破产法研究》，载于《现代法学》，2014 年第 1 期。

徐阳光：《个人破产免责的理论基础与规范构建》，载于《中国法学》，2021 年第 4 期。

徐阳光：《困境企业预重整的法律规制研究》，载于《法商研究》，2021 年第 3 期。

徐阳光：《民主与专业的平衡：税收法定原则的中国进路》，载于《中国人民大学学报》，2016 年第 3 期。

徐阳光：《破产程序中的税法问题研究》，载于《中国法学》，2018 年第 2 期。

徐昭、姜弘毅：《破产重整企业信用修复的实践与思考》，载于《征信》，2018 年第 6 期。

许德风：《论担保物权的经济意义及我国破产法的缺失》，载于《清华法学》，2007 年第 3 期。

闫海、王天依：《论重整企业信用修复的特征、机制与方式》，载于《征信》，2021 年第 1 期。

杨庚：《论生存权和发展权是首要的人权》，载于《首都师范大学学报》，1994 年第 4 期。

姚秀兰：《近代中国破产立法探析》，载于《现代法学》，2003 年第 5 期。

虞伟庆：《管理人视角中的府院联动机制研究——以绍兴地区为样本的考察》，载于《法制与经济》，2019 年第 4 期。

约翰·罗伯茨、黄斌、杨奕：《美国联邦法院 2020 年年终报告》，载于《人民法院报》，2021 年 1 月 8 日。

张姝：《社会保障是社会和谐的基本保障》，载于《社会科学战线》，2005 年第 6 期。

张卫：《澳大利亚自然人破产法律制度研究》，载于《海南大学学报（人文社会科学版）》，2002 年第 2 期。

张艳丽、陈俊清：《预重整：法庭外重组与法庭内重整的衔接》，载于《河北法学》，2021 年第 2 期。

张艳丽：《破产重整制度有效运行的问题与出路》，载于《法学杂志》，2016 年第 6 期。

张叶东、王智伟：《家族信托破产隔离功能滥用的法律规制——兼议信托法和个人破产制度的协调》，载于《南方金融》，2020 年第 8 期。

浙江省杭州市余杭区人民法院课题组：《房地产企业预重整的实务探索及建议》，载于《人民司法》，2016 年第 7 期。

浙江省杭州市余杭区人民法院课题组：《破产重整制度有效运行的问题与出路》，载于《人民司法》，2016 年第 7 期。

郑莹：《从传统走向现代：社会保障权司法救济的检省与矫正》，载于《法学杂志》，2012 年第 3 期。

朱涛：《"个人破产"为时尚早——从农村经济现状论之》，载于《前沿》，2009 年第 8 期。

邹海林：《关于新破产法的适用范围的思考》，载于《政法论坛》，2002 年第 6 期。

后　记

这本书的写作是在特殊时间点完成的。首先，成都刚刚解除新冠疫情静态管理，有序恢复正常的生产生活，大家皆知此状况来之不易；其次，中国共产党第二十次代表大会马上胜利召开，整个国家、社会以及每个人皆会按照新的蓝图奋进，以实现中华民族的伟大复兴。作为法律人，依法治国进入新的发展阶段后，也定会肩负新的发展使命。我们团队作为破产事业的理论研究者和破产实践的探索者，也定会有新的发展机遇和发展使命。本书的出版也算是对团队前期破产实践工作和理论思考的阶段性小结，以图抛砖引玉。

本书的出版首先得到了四川省委党校法学部各位领导和同事的大力帮助和支持，也得到了上海段和段（成都）律师事务所各位律师同仁的关心和关爱，在此特表谢意。

本书的出版还要感谢我的三位硕士研究生陈曦、李彤、罗淑琴，她们的硕士学位论文全部以破产领域中的特定内容为研究对象，对她们来说这是很大的挑战，但她们勤奋好学，虚心请教，克服了许多困难，最终顺利通过答

辩。她们为本书的撰写、文字校正等付出颇多。

　　本书也是对我本人理论研究和工作实践的阶段性总结，我本研究刑法学，一次偶然的司法实践让我尝试对破产法理论进行研究，对我个人而言这既是挑战也是机遇。我一直坚信，法律的生命不仅在于逻辑和理论推演，更在于实践和经验。由此，本书的出版也算是一位刑法学研究者通过实践对破产法进行学习的阶段性成果，期盼以此为起点，鞭策自己继续认真学习破产法，不断参与破产案件实践，为营商环境的提升贡献自己的力量。

　　本书的撰写分工如下：

　　绪论由漆昌国完成，第一章由张艺璇完成，第二章由余丽萍、李林曦完成，第三章由李曼和王玉红完成，第四章由漆昌国和陈曦完成，第五章由漆昌国和李彤完成，第六章由漆昌国和罗淑琴完成。

漆昌国
2022 年 9 月 28 日于成都